レーダー照射、徴用工判決、慰安婦問題だけじゃない

捏造だらけの韓国史

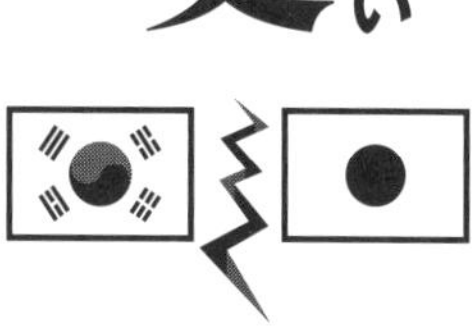

著者 **八幡和郎**
（政治評論家、歴史作家）

はじめに　～徴用工判決、レーダー照射……止まらぬ「反日無罪」～

「韓国とは断交しよう」「韓国人観光客にも来てほしくない」といった過激な嫌韓論が保守派の人だけでなく、一般の声として出てくるほど日本人の韓国に対する感情は悪くなっています。数年前に「韓流ブーム」と言われたのが嘘のようです。その原因は、「歴史認識」「慰安婦問題」「告げ口外交」「旭日旗の否定」「徴用工判決」「レーダー照射」など韓国人による「反日無罪」という風潮の暴走です。

ここからは時系列で見ていきましょう。

１９９８年10月、小渕恵三首相と金大中《キムデジュン》大統領が「日韓共同宣言」を発表しました。金大中は、北朝鮮に甘いという問題点はありましたが、韓国歴代の大統領、特に軍人出身以外では別格の大統領でした。対日関係にもしっかりした考え方を持っていたと、今あらためて評価したいと思います。

本来であれば、２０１８年10月は、その「日韓共同宣言」から20周年に当たり、盛大に祝うはずでした。ところが現実は、まったく正反対の機運が立ち込めています。

これまでの大統領も、韓国内での求心力が衰えると反日攻勢に出るというのがお決まりのパターンでした。ところが、文在寅《ムンジェイン》大統領は言葉がソフトなことだけは評価しますが、就任当初から反日姿勢全開、一辺倒なのが困りものです。

本書の目的を説明する前に、まずは友好関係を記念すべき２０１８年の終盤に、韓国がどのような反日攻勢をかけてきたのかを、振り返ってみましょう。

２０１８年10月の国際観艦式において、韓国は日本の自衛隊の「旭日旗」の使用を認めなかったために、自衛隊は参加するわけにはいかなくなりました。

そして、同月30日には、韓国大法院（最高裁判所）が、戦争中の彼らが言う「徴用工」である4人の原告に対し、1人あたり1億ウォン（約１０００万円）の賠償を新日鉄住金が支払うべしとの判決を下しました。この判決を出した最高裁長官は文在寅が任命した人ですから、大統領の意向を反映したものだと言えます。

この野蛮な行為には、一般国際法上、違法性阻却事由として、「対抗措置」が認められています。相手国の国際法違反の是正や賠償を目的として、違法行為から生じる損害と釣り合った範囲での措置が認められます。これは、自衛、緊急避難、不可抗力、同意、遭難などがあった場合と同じように、通常なら国際法上違法となる行為であっても「対抗措置」とみなされるということです。

具体的には、日本における韓国企業の資産を差し押さえる、韓国の製品に高関税をかける、韓国人に対し査証を発給しないなどいろいろできます。

ただし、査証の差し止めは観光客が来なくなるので日本が損をしますし、関税も日本の輸出のほうが多いので損になる可能性があります。ＷＴＯルールに違反するとされる可能性もあるので、「こちらは困らないが向こうは音を上げる」という方策を工夫する必要があります。そのあたりは、第一章で詳しく論じています。

11月21日には韓国政府が驚愕の発表を行いました。２０１５年末の日韓慰安婦合意に基づき、日本政府が10億円を拠出して韓国政府が設立した『和解・癒やし財団』を解散するというのです。

これにはさすがの安倍晋三首相もあきれたようで、「国際約束が守られないのであれば、国と国の関係が成り立たなくなってしまう」と述べるしかありませんでした。

さらに26日には、日本の日韓友好議連が訪韓中に韓国の与野党の国会議員団８人が島根県の竹島に上陸し、日韓関係に揺さぶりをかけてきました。

29日には三菱重工業の軍需工場で強制的に働かされたという元徴用工や元女子勤労挺身隊員らの上告審判決が下り、韓国大法院は原告10人（うち５人が死亡）にそれぞれ８００万～１億５０００万ウォン（約８０００万～１５００万円）を支払うように三菱重工業に命じました。

そして暮れも押し詰まった12月20日、能登半島沖の日本海で韓国海軍の駆逐艦が海上自衛隊の哨戒機に向けて射撃照準レーダーを照射するという、とんでもない事件が勃発しました。この事件は謎だらけで、わけがわかりません。そもそも、韓国の駆逐艦がなぜ国旗も海軍旗もなしで、日本のＥＥＺ（排他的経済水域）内で活動していたのでしょうか。韓国側は、遭難した北朝鮮の漁船の救助に当たっていたというのですが、この漁船は救難信号すら出していません。

「すべてのレーダーを起動したら、たまたま哨戒機に当たった」というのが当初の説明でした。しかし、公開された映像では北朝鮮の船はすぐ近くで目視できるのですから、捜索のためにレーダー照射が必要だったというのは筋が通りません。

「海上衝突回避規範（ＣＵＥＳ）」という２０１４年に日韓を含む21か国が参加して決めたルールの中でも、火器管制レーダー照射はやってはいけないことになっています。

韓国側はしらじらしく、哨戒機の飛行に脅威を感じたと言っていますが、「海上衝突回避規範」ではその場合、「無線」での連絡・警告を行うように決まっているのです。自衛隊機の側からは、無線での連絡をしていますが、韓国側は「英語の発音が悪くて聴き取れなかった」などと言っています。

しかし、韓国側が公表した映像でもこの無線は、はっきり聴き取れています。そして、途中から「レーダー照射はしていない」と言い出す始末です。

　そこで日本側はやむなく動画の公開に至るのですが、動かぬ証拠を突きつけられても、韓国側は絶対に非を認めません。

「無断で一方的に公開した」という抗議に始まり、次は「自衛隊機のほうから威嚇した」と論点をすり替え、客観的にそういう状況でないことを立証すると、威嚇と感じるのは受ける側の受け取り方の問題だという「議論しようのないファンタジーの世界」に逃げ込みます。客観的証拠をいくら突きつけても無理な言い逃れを繰り返す、「おなじみの手口」をあらためて認識させてくれました。

　韓国側は「日本側が映像を勝手に公開した」と怒っています。つまり、これまでのように玉虫色にしておいて欲しかったということです。でも、もう日本はそんな手には乗りませんでした。日本政府がこれまでのような曖昧な解決を拒否したのは、長い目で見て正しいと思います。

　ちなみに、とにかく二転三転する韓国側の説明に対して、例によって一生懸命に弁護していたのが「偽リベラル」たちです。何か言うたびにかばうのですが、韓国のほうからすぐに説明を変えてしまうため、ただ翻弄されて恥をかくばかりでした。

韓国の「デタラメ史観」をメッタ斬りにする！

「徴用工判決」は、国家間の条約すらちゃぶ台返しで反故《ほご》にするものですから、今度ばかりは日本人も「総激怒」です。自称リベラル系のマスメディアもさすがに弁護しにくいようですし、世界もあきれ返っています。

これまで日本人は、「植民地支配」の負い目もあって、韓国を批判することには遠慮がありました。また、いつかはわかってくれるという期待もありました。

しかし、ここまでエスカレートしてきて、日本人も正々堂々と反論したほうがいいとやっと気が付いたようです。

ではここで、本書の目的を説明しましょう。この本では、**古代から現代に至るまでの歴史を歪曲し続けてきた「韓国の反日という病」の病理を明らかにします**。そして、それとともに、過去のような生ぬるい対抗策でなく、**韓国国民を慌てさせ、一発で黙らせるような秘策も提案しています**。

ただし、巷《ちまた》にあふれる「嫌韓本」と一緒にしてほしくはありません。それらと一線を画すのは、日本人の感情を煽り自己満足させるのが目的でなく、欧米人をはじめ、世界の人々が「なるほど」と納得する歴史の見方を提供すべきだという意識に立脚していることです。

最近、百田尚樹さんの『日本国紀』（幻冬舎）がベストセラーになっています。戦前の歴史観の反動として、愛国心を煽ることを忌避する「戦後史観」に対するアンチテーゼとしてはとても良い本だと思います。しかしその一方、読んでいて世界の人々の納得を得るという視点が欠けているという気がしました。

私は韓国に正しく対抗するためには、客観的視点から評価されるような歴史論を目指すべきだと、『日本国紀』の詳細な書評も書いていますし、それを本にまとめて出すつもりです。ですから、本書でも欧米人など第三国の人への説得力を常に意識して書きました。

そしてもうひとつは、**長い歴史の確執を乗り越えて、日本人と韓国人が隣人として良い関係を築いていくにはどうすべきか、前向きに考えたものであることです**。

ただし結論から言えば、仰々しい日韓友好をいきなり樹立するのでなく、一旦は、考えが一致しないことを互いに気にしない淡泊な関係になることが良いと思います。

古代から日本人の関心事は、中国との関係をどうするかであって、半島の問題は日中の諍《いさか》いのタネになってきただけですし、半島の政治家たちが両国の対立を煽り続けてきたことが日中対立の原因だということに気づくべきです。

むしろ、半島のことを日中が互いにあまり意識しないほうが日中の関係も上手くいくし、半島の人々にとってもそのほうがいいのだと思います。アジアの2大国である日中の関係が良ければ、半島の人たちは十分な利を得ることができるのですから。

韓国人に対して主張すべき10の真実

戦後の日本人は、韓国に遠慮するあまり、日本の立場から言えばこうだという主張をしてこなかったのみならず、国民として共有することすらしてこなかったのです。

それに対して半島の人々は、国家的な議論をしてしっかり理論武装しています。しかも、これまで主張してこなかった歴史観を突然に主張したりします。それを文在寅大統領は、「積弊の克服」という言葉で表現していますが、現代史だけでなく、1000年以上も一度として意識されていなかった歴史認識が突然に唱えられ、それが威勢の良いものなら、反対するのは非国民だと言わんばかりになり、あっという間に国民的、あるいは北朝鮮まで含めた民族的常識になってしまいます。

「日本の剣道や柔道、寿司、うどん、歌舞伎、ソメイヨシノ、折り紙、納豆、忍者、日本語などはすべて韓国発祥」という「韓国起源説」「ウリジナル」（朝鮮語で「我々の」を意味する「ウリ」と英語の「オリジナル」をかけた言葉）も半島独特のものです。

「黄河やインダス、エジプトなど世界の古代文明もすべて韓国が発祥で、イギリス人の祖先も韓国人」と行くところ敵なしです。

ですから、日本人がささやかな抵抗により国益を守ろうとしても、日本国家として主張すべきことを国民が共有できていなければ、議論すらできないのです。昨年末、韓国に取材旅行した時、韓国人のガイドさんは日本への怨みつらみやデタラメに捏造した史実を平気で語るのですが、「知らなかった」「それは申し訳ない」とすっかり洗脳されてしまう日本人が多いのを見て愕然としました。これについては、第七章で詳述します。

本書では、日本人の持つべき歴史観の内容を論じているのですが、ここでは、そのさわりを10のポイントに集約して掲げてみましょう。

①古代には半島南部より日本列島が先進国だった
②天皇家も稲作も弥生人も半島から来たのではない
③新羅は日本の領土・任那《みまな》と友好国・百済《くだら》を侵略した
④日本に文明をもたらした帰化人は朝鮮人ではなくすべて漢族
⑤モンゴル来襲は元・高麗寇と呼ぶべき
⑥文禄・慶長の役は無謀でも失敗でもなかった
⑦朝鮮通信使は対等の交流ではなく朝貢使節である

⑧書き言葉としての韓国語は日本人がつくり与えた
⑨日韓併合は申し訳ないが原因は韓国側にある
⑩南北分断に日本は一切の責任がない

この10のポイントをしっかり憶えて理解しておけば、どんな議論になってもこれまでのように悔しい思いをしないで済むはずです。

なぜ韓国人は極端な主張をするのか

近代における日韓関係を振り返ると、無理やりとまでは言えないにせよ、強い圧力をかけて日韓併合をしたのは、やはり申し訳なかったことです。しかし、どうすれば良かったのかと問われても、なかなか知恵が出ません。言わば「過剰防衛」だったというのが公平な見方です。あまりにも、当時の韓国の外交が稚拙で、独立国のままにしておけば、日本の安全保障だけでなく、世界平和の害になると英米なども支持したのが事実だからです。

それでは具体的に韓国の外交や世論のどこが非常識だったか、それが現在にどのように続いているのかというと、以下のように集約できます。

①「国書受け取り拒否」や「告げ口外交」のように、外交儀礼を無視した**「無礼」**な対応。明治初年の征韓論などに至った経緯を見ればわかります。

②竹島上陸などに見られるように、鬱憤ばらしや**「目先の成功」**を優先させること。北朝鮮がアメリカや日本との会談をしばしばキャンセルするのも、そうとしか説明できません。

③政治家が**「国益より自己利益優先」**を平気ですること。李氏朝鮮における大院君《テウォングン》と閔妃《ミンピ》の対立など、ひどいものでした。

④媚びる相手には図に乗り、徹底して強く出る相手には弱い**「卑屈さ」**。中国はそのあたりをよくわかっているため、THAAD（Terminal High Altitude Area Defense）配備問題でも、5倍返しくらいの処罰を与えました。日本は甘いのです。

⑤**「嘘や無謀さへの甘さ」**。無茶をして失敗しても社会的に糾弾されないことです。ES細胞問題でノーベル賞かとまで言われた黄禹錫《ファンウソク》博士の研究成果捏造にも、あまり強い批判はされず、奇妙なことに同情まで見られます。自衛隊機レーダー照射事件の言い訳もそうです。また、現実的な決断で漢江《ハンガン》の奇跡を実現した軍事政権は貶められる一方、日韓併合をむしろ早めてしまっただけの安重根《アンジュングン》のような浅はかなテロリストを国民的英雄にしています。

こうした欠点を自覚することは、韓国・北朝鮮にとって必要なことは言うまでもありません。それでは、日本はどうすべきかと言えば、さしあたっては、こうした特異性を前提として、「被害」が少なくなるように上手に立ち回るしかありません。**バカらしいから聞き流すか、厳しくお灸を据えるか、硬軟取り混ぜれば良いことです**。

ただし、彼らの身勝手な主張に対し、リベラルだとか進歩的とか自称する日本人が同調したり、妙な理解を示したりするのは、半島の人々に誤ったメッセージを送ることになりますし、健全な日本人の嫌韓感情を増幅させるだけです。

リベラルだとか左翼だということは、インターナショナルな普遍性を持つ思想を奉じているはずですから、外国の国粋主義的思想も否定しないとおかしいはずです。戦前の日本を否定したいとか、安倍首相の成功が気に入らないという理由で、韓国の国粋主義に同調するのは、まったく筋が通らないわけで、私は彼らを「変態右翼」だと糾弾しています。

2019年、「捏造だらけの韓国史」に立ち向かえ

さて今年、2019年3月1日には、日本の植民地時代に朝鮮半島で起こった最大の独

立運動「三・一独立運動」の100周年を迎えます。

これについて、どうせ、韓国では愛国的粉飾を加えて、「大虐殺があった」、「大韓民国の建国はこの時だ」などと言うに決まっています。しかし、本書でも説明するように、「大虐殺」など幻ですし、むしろ、「三・一運動」を機に日本の朝鮮統治は安定し、皇民化へ向かって大きく舵が切られたのです。

当時の首相は盛岡藩出身の原敬です。原は、戊辰戦争で賊軍と言われた盛岡藩の自分たちが、のちにもっとも良き皇民となった例を、朝鮮にも当てはめるべきだと考えました。そこで、同じ岩手県（仙台藩領水沢でしたが）出身だった斎藤実を朝鮮総督に起用し、文化政策と言われる同化策を展開したのです。その結果、「三・一運動」指導者の多くが総督府の政策の良き協力者となりました。これが史実なのです。

今年のイベントを機に、韓国は得意の「歴史捏造」をしながら、さらに反日攻勢を加速していくことも予想されます。しかし、日本国民はそういう虚構に対して、毅然として立ち向かう覚悟をしなくてはなりません。

「捏造だらけの韓国史」に飲み込まれないように、日本国民の共通認識を構築するために、この本が力になれば幸いです。

レーダー照射、徴用工判決、慰安婦問題だけじゃない
捏造だらけの韓国史

目次

第二章　大韓民国の虚構と歴代大統領の反日ヘイト

第三章 古代でも韓国のお世話になんてなっていない……105

第四章 元寇・朝鮮通信使・日韓併合の嘘に騙されるな

読み仮名は、現代朝鮮語読み（カタカナ）を主にしていますが、慣用的なものは日本語読み（平仮名）を付しています。また、本書は自著の『誤解だらけの韓国史の真実』（イースト新書）、『韓国と日本がわかる最強の韓国史』（扶桑社新書）を継承している内容を含みますが、前者は詳細な通史であり、後者は古代などを中心に日本の外交的主張を主として扱ってます。

第一章

徴用工判決でのちゃぶ台返し

徴用工判決──国と国の約束を無視する韓国

2018年10月30日、韓国大法院（最高裁判所）が下した「徴用工判決」には、驚きや怒りを通り越して、あきれるしかありません。

まず、指摘しなければならないのは、この判決で勝訴したのが、募集に応じて自主的に日本に働きに来た人たちであり、「徴用工」ですらないということです。

ここで言う徴用工とは、朝鮮半島が日本統治下にあった戦時中に日本本土の工場に動員された韓国人労働者のことをいいます。

詳しく言うと、国家総動員法に基づく朝鮮半島での戦時労働動員では、①1939～41年に民間企業が朝鮮で実施した「募集」、②42～44年9月まで朝鮮総督府が各市・郡などに動員数を割り当て、行政の責任で民間企業に斡旋した「官斡旋」、③39年に制定された国民徴用令に基づいて、44年9月～45年3月頃までに行われた「徴用」の3つの段階に分かれていました。

安倍晋三首相は衆院予算委員会で、原告となった元工員4人について、「政府としては『徴用工』という表現ではなく、『旧朝鮮半島出身の労働者』と言っている。4人はいずれも『募集』に応じたものだ」と指摘しています。

そして、何よりも重大なのは、この判決が、**国と国の間で結ばれた条約ですら実質的に無効にしようとする韓国の「ちゃぶ台返し」にほかならない**ということです。韓国の国内事情でこんなことがまかり通るのであれば、日本も正々堂々と対抗策を講じるべきだと思います。

経緯を整理してみましょう。元徴用工の補償問題については、日韓両国が合意し、1965年に日韓請求権協定を結び、「完全かつ最終的に解決済み」としました。

ところが、50年近く過ぎた2012年5月、韓国大法院が日韓併合時における日本企業による徴用者の賠償請求を初めて認めたことから、韓国の下級裁判所ではいわゆる元徴用工とその遺族が日本企業に損害賠償を求める裁判が相次いで起こりました。

韓国の地方裁判所では、日本企業側に損害賠償を命じる判決が出されましたが、それを不服とした日本企業は当然ながら上告していました。

今回、新日鉄住金（旧・新日本製鉄）に対しての上告審が行われ、韓国大法院は個人の請求権を認めた控訴審判決を支持。そして、「元徴用工」4人に対して1人あたり1億ウォン（約1000万円）の賠償を新日鉄住金が支払うように命じた判決が確定してしまったわけです。韓国の裁判所で、「元徴用工」への賠償を日本企業に命じる判決が確定したのはこれが初めてでした。

さらに11月29日にも三菱重工業に対して同様の判決が下されました。

そもそも、日韓交渉の過程で、問題のあるケースについては、「個人への補償は日本政府がしても良い」とまで言ったのですが、韓国政府への一括払いを韓国側が望んだものです。

また、日本政府は、韓国政府が彼らの判断で徴用工と言われる人たちに補償をすることを否定していませんし、その時に、どのような基準でするかは、韓国政府の問題だとしています。

ただしこれは、もし日本政府や企業が行うのなら、当然1件ごとに精査し、相応の保証をするべきですが、日韓請求権協定に従って韓国政府がするなら、どのようにしようが介入しないという一般論を言っているだけのことです。

共産党の志位和夫委員長は、「徴用工問題で個人の請求権は消滅していないことは日本政府も認めており、この一致点を大切にして前向きの解決を」などと言っていますが、そういう言い方は、徴用工判決で勝訴した人たちの日本企業への請求権が正当であると日本側が認めたように聞こえてしまいかねないのであまり感心しません。

徴用工判決で揺れる2018年末、突如として今までの韓国にはなかった動きが生まれました。いわゆる元徴用工の韓国人とその遺族ら約1100人が韓国政府を相手取って1人当たり約1000万円の補償金支払いを求める訴訟を起こしたのです。

これこそまさに「正論」です。おそらく先の判決について、日韓で何が争点になっているのかが浮き彫りになり、それならば筋を通せば良いということに気づいたのではないでしょうか。

とは言え、まだこの動きがどのような背景で起こったのかなど、よくわからないことも多いので、注意深く見守っていく必要がありそうです。

新たな財団をつくって、そこに韓国政府と日本政府、民間などが基金を拠出するというようなことを言う韓国人もいますが、その方式は、慰安婦問題で特別に認めただけですから、徴用工問題でまたというのは筋が悪い上に、慰安婦の財団を韓国政府が解散してしまったのですから論外です。

強いて言えば、財団をつくって、そこに日本政府はお金を出さないし、当該企業も出すべきでないですが、日本人で出すべきだと思う人は勝手に出すのまで止めることはないでしょう。

どうぞ、日本共産党やその関係団体、日韓友好のために出したほうが良いと思う人は出してくだされればいいでしょう。鳩山由紀夫氏あたりが出すのも止めません。

あるいは、在日の方々も出されるのは自由です。強いて言えば、関係企業の役員個人などが補償というほどではない、名目的な寄付をするくらいは、容認範囲ではないでしょうか。

さて、今回の韓国側の動きに対して、日本のネット上では「国交断絶」だとか「経済制裁」だとか、強気な報復措置を望む威勢の良い声があふれています。

しかし、日本がいきなりそのような態度に出るなどとは韓国政府も世論もまったく思っていませんから、痛くもかゆくもありません。

実際の日本政府の手続きとしては、まず韓国政府の出方を待ち、実際に日本企業の資産が差し押さえられたりした場合には両国間の協議の場を設け、仲裁を申し出ることになるはずです。しかし、仲裁機関の人選などで両国は一致できないでしょうし、国際司法裁判所（ＩＣＪ）に訴えようとしても、韓国側がそれを受けなければ成立しません。もちろん、そうした手続きをきちんと踏むことは必要ですが、それで解決するとは思えません。

また、「韓国人に対するビザの免除をやめろ」という声も挙がっていますが、観光客が減って困るのは日本のほうです。相手が困ることをするのが制裁なのであって、自らの首を絞めるのはバカげた自傷行為みたいなものです。それに、観光は韓国人を誤った反日マインドコントロールから解くもっとも効果的な手段なのですから、ますます愚かなことです。

では、日本が外交交渉を有利に展開するためには、どうしたらいいのでしょうか。それは、日本が単独で実施できることで、もちろん法的に瑕疵《かし》がなく、何と言っても韓国側が本当に困る「ちゃぶ台返し」を検討することです。

さらに、それを検討するだけにとどまらず、実行する準備を整え、いつでも発動できるという本気をちらつかせることが効果的ですし、必要となります。

本来であれば、韓国大法院の判決が出てから対策を検討するのではなく、あらかじめ日本が行う反撃の可能性を予告すべきでした。

徴用工判決への生ぬるい反発は日韓関係に有害

日本人であれば、激怒して当たり前の今回の徴用工判決ですが、日本の各界の反応はどこか他人事のようです。

河野太郎外相が、すぐに「完全かつ最終的に解決済みだ」という日本の立場を改めて説明し、日本企業に不利益を及ぼさないよう、韓国政府が毅然とした対応を取るように駐日韓国大使に要求した上で、適切な対応がなければ「日韓関係に影響が出ないことはない」と伝えたのは評価できます。

また、先述のとおり安倍首相自らが、原告となった4人が「『徴用工』ではなく『旧朝鮮半島出身の労働者』で全員『募集』に応じた者」と指摘し、彼らが徴用工ですらないことを強調したのも良いことでした。

一方で、野党や経済界の反応はひどいものでした。共産党の反対で国会が非難決議すらできないのは情けないばかりです。そして、元民進党副代表の小野次郎氏は「とんでもツイート」をしました。

小野次郎　@onojiro・10月30日
「徴用工賠償判決は受け入れられない」と河野外相はいきり立つ。だが、これは日本政府（行政府）が口を挟む案件なのか？　また、抗議を受けた韓国政府（行政府）が対処出来る問題なのか？　新日鉄住金は韓国と経済関係が無いのだろうか？　取引や往来が有れば韓国の司法判断を無視することは難しい。

「新日鉄はおとなしく払え、日本政府は口出しするな」ということであって、小野氏の見識を疑います。国民や自国企業がひどい目に遭ったら守るのが政府の仕事。新日鉄住金もこんな判決におとなしく従ったら世界中で笑いものです。小野氏の発言は、部分部分を切り取るともっともな主張も含まれていますが、何もこのような時に言い出すことはないでしょう。

中西宏明経団連会長は「日韓の経済関係に悪い影響が出ないかと心配」などと言っていますが、「深刻な影響が出ざるを得ない」となぜ言わないのでしょうか。経済界こそ他人事でなく当事者のはず。最初にこの言葉を聞いた時は、韓国経団連会長の談話かと思ったほどです。

それに比べると、朝日新聞は「国と国の約束覆す判決　韓国『国民情緒法』が与える打撃」と意外に健全な記事を掲載しました。

いずれにせよ、日本がこの判決を受け入れてしまっては、日韓基本条約が改定されたのと同じ意味を持ってしまいます。このままでは本当に韓国を、彼らが夢想するように戦勝国に似た立場にしてしまいかねません。だから、今こそ事を荒立てないといけないのです。

新日鉄住金が保有するポスコ（韓国最大の鉄鋼メーカー）の株式を賠償に充てるように韓国の裁判所から命が下されるなどというのでは、今後、韓国にある日本企業や日本人の財産は、現在のビジネス上の問題も含めて、いつどうされるかわかったものではありません。

私は、「国交断絶」などと口にするのは飛躍が過ぎると思いますが、本当に行き着くところまで行って関係解消になれば、韓国側のほうが不利益が多いということをちらつかせながら、コワモテの交渉をすべきと考えます。

戦後処理では、韓国内の日本官民の財産と日本内の韓国官民（韓国企業や韓国籍の人たち）の財産とを互いにチャラにしました。それは、朝鮮に多くの資産を持つ日本に不利だったわけですが、今は違います。関係解消や相互の国民・企業追放になって困るのは向こうですから、心配することはありません。

もちろん、そんなことを望むはずもありませんが、あまりにも国際法の無視が続けば、最後はそうならざるを得ないのです。

大いに問題あり！ 岡田克也の徴用工判決擁護発言を断罪

徴用工判決に関して、元民進党代表の岡田克也氏もブログでひどいコメントを発信しています。

判決後の安倍首相や河野外相の発言に対して、「外交の最高責任者2人の発言としては行き過ぎ」だとし、

「そもそも、三権分立の中で、司法の最終判断を政府が批判することすら一定の節度が求められるなか、外国の司法判断に対する行政府の長の発言としては適切とは思えません。それは、日本の最高裁の判決に対して、外国政府首脳が『あり得ない』とか『暴挙だ』と発言した場合のことを考えれば明らかです。司法判断に対する行政の介入、しかも外国政府の介入はあってはならないことです」（2018・11・9　岡田かつやブログTALK-ABOUT「韓国最高裁判決—日韓政府間で冷静な対応を」）

と述べています。

しかし、三権分立はあくまでも国内の三権の間の問題です。立法や行政は司法の判断を尊重しなければならないのは当然ですし、ある程度の節度は必要で、司法の権威を貶めるようなものなら問題になるかもしれませんが、国内でも行政が司法を批判することと自体は問題ではありません。

まして、海外については、立法、行政、司法のいずれに対しても外国の政府が批判することに何の問題もありません。だいたい、政府が自国の司法に「介入」することは可能ですから、それが問題になるのはわかりますが、外国政府が他国の司法に介入できることなど論理的にあり得ません。

蓮舫氏の二重国籍問題の時も、あそこまで傷口が拡大したのは、岡田民主党代表（当時）が非論理的に人権問題に結び付けたからでした。

東京大学法学部を卒業して国家公務員試験を通ったのに、どうしてここまでリーガルマインドや論理的思考が欠如しているのか……本当に不思議です。

12月14日には、額賀《ぬかが》福志郎・元財務相ら日韓議員連盟の超党派の議員たちが訪韓し、青瓦台《せいがだい》（韓国大統領府）で文在寅大統領らと会談しました。徴用工判決や慰安婦財団の解散に強く抗議して来るのかと思ったら、型どおりの言葉にとどまりました。しかも、あろうことか韓国はこの議員団が訪韓中に竹島で軍事訓練までしています。

議員交流をすべてやめろなどとは言いませんが、間違ったメッセージに取られるようなことはやめてほしいものです。

そういう意味では、城内《きうち》実氏が「（判決は）理解を超えている」として日韓議員連盟を脱会したことは評価できます。また、日本維新の会は、代表でもある松井一郎大阪府知事が、この訪韓を「なめられている」と批判し、この代表団にはメンバーを出していません。もちろん、おなじみ足立康史議員も元気にこの判断を支持しています。

一方、共産党議員が30人中6人もいて、韓国支援発言をするなど、北朝鮮訪問団の間違いじゃないかと言いたい気分です。

こんな時に韓国から勲章をもらう東レ社長の非常識

東レの日覺昭廣《にっかくあきひろ》社長が2018年11月5日、ソウル市内のホテルで開かれた「2018外国企業の日」記念式で、最高位の表彰となる「金塔産業勲章」を受章したといいます。このニュースには驚きました。

日本企業が天文学的な賠償を要求されかねない徴用工判決が出たばかりで、官民挙げて抗議しなければならない時でしたので、辞退するとか、表彰式には出ないといった判断が適切だったのではないでしょうか。

サウジアラビアで社運を賭けた事業をしている孫正義氏ですら、サウジの国家ぐるみでのジャーナリスト殺害に国際的に非難が高まる中、10月に行われたサウジでのセミナーを欠席しています。

サウジの場合はサウジ人同士の問題ですが、日本企業が世界史上まれに見る理不尽な目に遭っているというのに、経団連会長まで出した会社がこういう態度でいいのでしょうか。

やはりここは、**「日本は怒っている」という姿勢を、経済界として一致して示すべきだと思います。**

また、法政大学教授の山口二郎氏は、韓国の「ハンギョレ新聞」に以下のように書いています（2018年11月4日『〔寄稿〕日韓和解のために』）。


「戦時中の強制労働に対する補償については、政治的決着しかないと考えている。同種の問題は、日本の多くの企業が抱えている。今回の判決を機に、他の被害者も訴えを起こせば、どれだけの件数に登るかわからない。その時の日韓両国の間の感情的な対立のエスカレートを想像すれば、法的解決の限界を指摘せざるを得ない」

「1965年の日韓基本条約には、冷戦構造の中で日本と韓国が反共陣営の態勢強化のために手打ちをしたという側面がある。当時の韓国では市民的自由や政治参加は限定されており、元徴用工の要求が韓国側の政策に十分反映されなかった憾みもある。それから半世紀以上の時間がたち、韓国社会における人権意識は高まり、被害者が自らの権利を擁護するために発言できる環境が生まれた。日本政府が基本条約を根拠に個人の権利主張を無視することは、政治的には冷酷な話である。まして、今の安倍政権や与党には、戦前の日本の植民地支配や侵略戦争を正当化したがる輩が多数存在する。元被害者が日本の謝罪は口先だけだと反発し、生きている間に補償を要求するのも理解できる」

しかし、韓国政府が勝手に補償することまで、日本が「ダメだ」などと主張しているわけではありません。

まして、安倍政権の歴史認識が気にくわないからといって、どうして日本の企業が金を払えということになるのでしょうか。

山口氏が何を言おうが日本では自由なのですが、韓国や中国のような極端な国粋主義が支配している国ではそうではありません。これは間違いないことですが、民族的、国家的な利益に反する主張をすると、刑事罰を受けたり、職を失うことがあるような国なのです。そういう国における国粋主義の暴走に一定の理解を示して応援することにいかなる正義もありません。

また、韓国では大学教授の社会的地位が日本より高いということにも注意が必要です。日本の高名な大学教授が――それも野党や連合の顧問ふうな立場にある山口氏のような人がこうした見解を出したりすると、それが日本における有力な主張であると誤解されかねません。

この徴用工裁判においては、日韓関係の悪化を懸念した前政権（朴槿恵《パククネ》政権）の意向をくみ、訴訟の判決を先送りさせたとして、韓国最高裁の前判事2人に対する逮捕状が請求されたり（2018年12月に棄却）、混乱が続いています。

鳩山元首相の友人三枝成彰さんのお粗末な歴史認識

徴用工問題については、朝日新聞などですら率直に韓国への抗議をしているのに、論理回路での議論が苦手な向きからは、何とか韓国に味方したいという人が後を絶たないようです。

作曲家の三枝成彰《さえぐさしげあき》さんは、音楽家としてもプロデューサーとしても素晴らしい人であることは言うまでもありません。しかし、歴史や国際法などを語られるのはおやめになったほうが良いでしょう。

『日刊ゲンダイ』(2018年11月10日)のインタビュー記事「会津は維新150年も長州を許さない…徴用工の恨みは当然だ」はあまりにもお粗末で、短い記事なのにほとんど勘違いの塊です。まぁ、鳩山由紀夫元首相をミュージカルに出演させているのがご自慢のようですから、仕方ないと言えば仕方がないのですが……三枝さんは、「首相の安倍さんに至っては提訴した元徴用工を『朝鮮半島出身の労働者』と表現、仕事を求めて進んでやってきた人たちだと切り捨てた。思いやりも気遣いもない態度だね」

と記事でおっしゃっています。いずれも、すでに指摘したとおり、原告たちは徴用工制度が始まる前に職を求めて日本に渡ったわけですから、首相の指摘は彼らの痛いところを突いただけですし、たとえ、原告になにがしかの請求権があるにしても、彼

らが受け取るべき金銭はすでに韓国政府に払い済みだと日本は言っているのを理解していないようです。さらには、

「今年は維新150年というが、会津の人たちは今も長州を恨んでいる。会津戦争のあとで新政府が埋葬禁止令を出し、多くの遺体が野ざらしにされたことが原因だ。現地でタクシーに乗ると、いまだに運転手の人は『3年も放置された。長州人は許せない』と言うからね」

と述べていますが、「死体野ざらし」というのはまったくの虚構であることが以前から明らかで、公式の『会津若松市史』などでも書かれているにもかかわらず、繰り返し語られる悪質な都市伝説です。それに、仮に不都合があったとしても責任者は坂本龍馬の親友だった福井藩士で、長州藩とは無関係です。

もっとも、会津の歴史捏造には韓国のそれと共通項があり、一方的に三枝さんの勘違いを責め立てることはできません。苛政、重税に苦しんでいた会津の民衆は官軍に協力したくらいで、松平容保《かたもり》が東京に送られる時にも農民たちは駕籠を振り返ろうともしなかったとイギリス人の記録にも残っています。敗れて特権を奪われた会津武士の怨みは「両班《ヤンバン》」（高麗、李氏朝鮮王朝時代の支配階級の身分のこと）の怨みに似て

います。

そのあたりは、『「会津の悲劇」に異議あり――日本一のサムライたちはなぜ自滅したのか』（晋遊舎新書）において詳細にわたって書いていますので、ご興味のある方はぜひご一読をいただきたいところです。

そもそも、江戸時代に朱子学に基づいて、身分差別を強化した封建制度が採用されたのは、文禄・慶長の役で捕虜として来日した両班の影響ですし、会津藩の藩祖である保科正之は、そうした思想こそ社会の安定のために良いものだとして、その採用を推進した中心人物です。同じ儒教でも柔軟な陽明学の熊沢蕃山《ばんざん》を弾圧したのも保科正之です。だから、この類似は偶然ではないのです。

ただし、私は会津武士たちの素晴らしさについても語っておきたいところです。会津藩士は自意識が強すぎる人が多くて、会津藩は組織としてはあまり良く機能しませんでしたが、ひとりひとりは向上心にあふれる優れた人たちが多いので、明治になるや各界で近代日本の建設のために大活躍したことを高く評価しています。

日本が可能な韓国への5つの報復措置を具体的に提言する

私は、2017年末に刊行した『韓国と日本がわかる　最強の韓国史』（扶桑社新書）において、徴用工と慰安婦を念頭に「韓国の卓袱台返しに対抗するために何ができるか」という項目で次の3点の方策を例示して提案しました。

①日本人が半島に残した個人財産への補償を要求

②対北朝鮮経済協力の拒否（統一時も含む）

③3代目以降に特別永住者の地位を認めないこと（日韓基本条約上は可能）

今回は、さらにふたつの措置を提案したいと思います。これは、ネットメディア『アゴラ』や『月刊Ｈａｎａｄａ』で提案したところ、非常に大きい反響をいただきました。

④歴史教科書における近隣諸国条項を韓国に限って撤回

⑤韓国大衆文化の流入制限（韓国が日本にしているのと同じ程度）

ネットでは「効果が怪しい」、「国際社会からポリコレで叩かれそう」、「極右国粋主義」などといったコメントもいただきましたが、通商産業省（現・経済産業省）時代に担当課長として日韓外交に当たっていた私の経験も踏まえ、国際的な外交の常識、法的な問題も考えての提案であって、それほど非現実的なものではありません。

ただし、こうした措置のすべてをすぐにしろというのでないことは強く念を押しておきます。

とにかく、韓国・北朝鮮によるちゃぶ台返しの連続を、指をくわえて見ているだけでは芸がありません。いざとなれば、こちらにも「究極の対抗策はあるのだぞ」ということをシミュレーションしておき、その上で実施の可能性をちらつかせるべきだというのが私の考えです。

日本はそこまでする気だと表明しないと、今後も「やった者勝ち」の状況が続きかねません。し、それでは日韓はいつになっても正常な関係を持てません。日韓関係を前向きな方向に転じるためにこそ、日本がやられっぱなしで済ませてしまうことによる悪循環を絶ち切るべきなのです。

こうした武器をちらつかせてこなかったから、韓国政府によるいい加減な反日発言を許し、最高裁が取り返しのつかないつまらない判決を出し、韓国の世論がカラ元気を出してしまうのです。

それでは、私が提案する5項目の内容について少し解説していきましょう。

提言① 日本人が半島に残した個人財産への補償

日韓基本条約締結に伴う協定および交換公文において、それぞれの国や企業、個人の財産や請求権については放棄され、補償が必要な場合は、それぞれの政府が国民に対してすることになりました（ただし、戦後においてその国に住んでいる人たちの財産は例外とされ、これによって在日朝鮮人の財産は保護されました）。

一応、相互主義になっていますが、官民ともに日本が朝鮮に持っている財産や請求権のほうが桁違いに多いわけですし、戦後も韓国にとどまった日本人より、日本にとどまった韓国人のほうが多いので、実質的には不平等条約でした。

ポーランドやチェコにおいてはドイツ人資産の返還もされており、韓国が個人請求権を言うなら、日本側も蒸し返しはあり得るという立場を取るべきです。

また、北朝鮮に対しては、国有財産も含めて白紙の状態です。

提言② 対北朝鮮経済協力の拒否（統一時も含む）

日本は、1965年の日韓国交回復時に「日韓併合が合法的だった」という立場を崩さず、賠償は行いませんでした。しかし、「日韓併合条約はもはや効力を有しない」という玉虫色で合意し、実質的には賠償と同じ効果を持つ経済協力を行いました（無償約1080億円、有償約720億円）。

この時、北朝鮮はあくまでも賠償を求めるべきだと批判。日朝交渉においてもその主張に固執せざるを得なくなって、国交交渉に入れませんでした。

ただ、2002年の小泉純一郎首相（当時）訪朝時の「日朝平壌宣言」では、国交樹立の際には韓国の場合と同じような条件とすることで合意しており、経済協力の額は1兆円以上と理解されていたと思います（韓国への経済協力と同程度だとした場合の金額。さらに北は小泉訪朝から時間が経過していることから何倍にも増額を期待していると言われています）。

しかし、これは条約ではないですし、その後の北の暴虐ぶりはこれを反故《ほご》にするに十分です。さらに言うと、日朝国交回復がないまま南北が統一された場合には、この約束を維持する理由はありません。

統一をするかしないかにかかわらず、韓国の文在寅政権は日本による北の復興支援を非常に期待しています。なぜなら、日本が経済協力をしないとか、金額を値切ることになると、韓国の負担が大きくなってしまうからです。

それは韓国にとって一大事、困った事態になるのは間違いなく、逆に言うと日本にとっては強い武器となるわけです。

提言③　3代目以降には特別永住者という扱いをしない

日韓の合意では「永住資格は2代目まで継承できることとし、3代目以降については25年後に再協議する」ことになっていました。

1991年に入管特例法により3代目以降にも同様の永住許可を行い、朝鮮籍、台湾籍の永住者も合わせて「特別永住者」として一本化しました。しかし、この制度を永久に維持するかどうかは日本が決めることです。

この措置を撤廃すれば、在日3世以降は他の外国人と同じ扱いになり、犯罪を行った時など国外追放もできるようになります。そもそも、「特別永住者」という制度をいつまで存続させるべきなのかについては、議論すべきです。

また、日本に帰化する時に、韓国が帰化希望者に要求しているような「忠誠宣言」を現在は要求していませんが、これは世界の常識に従って要求するべきものです。

パスポートや就職などの便宜のために、気持ちは韓国人のまま国籍だけ日本に帰化する人が多いのですが、断固として排除すべきです。

提言④　歴史教科書における近隣諸国条項を韓国に限って撤回

「近隣諸国条項」とは、文部科学省「教科用図書検定基準」に定められている「近隣のアジア諸国との間の近現代の歴史的事象の扱いに国際理解と国際協調の見地から必要な配慮がされていること」という規定のことです。

「高等学校用の日本史教科書に、中国・華北への『侵略』という表記を『進出』という表記に文部省の検定で書き直させられた」という日本テレビ記者の取材をもとにした誤報が発端となって中国と韓国が抗議して外交問題となり、『「歴史教科書」に関する宮沢喜一内閣官房長官談話』（1982年）が出され、それに基づいて定められたものです。これが中国や韓国が日本の教科書の記述内容に介入する口実になり、さらに韓国はエスカレートして、古代史の分野でも「任那《みまな》」の存在を否定するよう要求するに至り、日本政府が適切な対抗措置をしないなかで、多くの教科書がこの主張を受け入れています。そのあたりの詳細は、あとで書きます。

この官房長官談話が、近代以外には適用されないことを明らかにするとともに、さらには、韓国については全面的に撤回すればいいでしょう。

提言⑤　韓国大衆文化の流入制限

かつてほどではありませんが、韓国の地上波放送では、相変わらず日本のドラマやバラエティ番組のオンエアは禁止されていますし、音楽など他の分野でも強く抑制されています。日本でも、韓国での日本大衆文化流入制限が撤廃されるまで、同様の措置を取るのが良いでしょうし、量的にも均衡したものにする措置を取るべきです。

特に、韓流の歴史ドラマには日本人の歴史認識を歪《ゆが》めるような、問題のあるものが多いことは由々しき事態です。日本では歴史ドラマにおいては、国威発揚にならないように注意深く史実が歪曲《わいきょく》されますが、韓国では逆です。

また、あとで触れますが、大河ドラマでも元寇を扱っても高麗の役割は隠されます。文禄・慶長の役は避けられ、とくに、日本軍の勝利の場面はタブーです。西郷隆盛は征韓論がネックになって長く主人公になれなかったですし、2018年の『西郷《せご》どん』では、「本当は戦いを望んでなかった」的な粉飾がされていました。

中国や韓国・北朝鮮がドラマなどを通じて国威発揚に励む一方、日本ではそれを抑制しているというのでは、安全の保証などできません。

BTS（防弾少年団）騒動をうやむやで終わらせるな

日本でも活動している韓流グループ『BTS（防弾少年団）』のメンバーのひとりが、原爆投下シーンがプリントされた「原爆Tシャツ」を着ていたことがわかり、大騒動になりました。

「愛国心」「私たちの歴史」「解放」「韓国」を意味する英語とともに、原爆投下後にキノコ雲が上がる写真と、万歳する人々の姿がプリントされているTシャツをメンバーが着用していたというもの。日本においては、2018年の11月、テレビ朝日『ミュージックステーション』への出演が見送られる事態になりました。

このBTSは、大みそかの『NHK紅白歌合戦』にも初出場が噂されましたが、見送りになったとも言われます。そのほか、フジテレビ『FNS歌謡祭』、テレビ朝日『ミュージックステーション・スーパーライブ』などでも出演案が消滅したと噂されています。

『防弾少年団（バンタンソニョンダン）』というグループ名は、「10代・20代に向けられる社会的偏見や抑圧を防ぎ、自分たちの音楽を守り抜く」という意味が込められているのだそうで、新興の芸能事務所が新しい手法で売り出した、芸能ビジネスの成功例です。

ファンによると見られる常軌を逸した集団投票が論争となっており、アメリカのビルボードのランキングで断然トップとか、タイム誌の「世界で最も影響力のある100人」では、BTSが1位、文在寅大統領が2位とかいう、冗談みたいな順位が出ています。もはや各種のランキングや電子投票というシステムそのものが韓国の非常識のために信用失墜にまで話がおよんでいるのです。

その新興芸能事務所ならではの乱暴さで、原爆投下礼賛《らいさん》と受け取られかねない服装をしたり、ナチス風の衣装を着たりしたわけです。

今回の騒動では、日本だけでなくユダヤ系団体にまで抗議されて、おとなしい対応をしましたが、日本のファンの前できちんと謝ることはしないままでした。日本人に謝ると韓国のファンや世論に批判されるということのようですが、そうであれば、やはり日本の市場は諦めてもらうしかありません。

このBTSは、9月にも秋元康氏が新曲の作詞を手がけることが発表されながら、そのわずか4日後に取り消されるという失礼なことがありました。一部のファンから、「なぜ、右寄りで女性蔑視の作詞家とコラボするのか」と、事務所へ抗議が殺到したからだそうで、人をバカにした話です。

私は韓国の芸能人が日本に進出することに反対なのではありません。しかし、進出は逆方向も含めた雪解けにつながってこそ意味があると思うのです。

逆に日本人の国民意識が低いファンの存在が、韓国側の身勝手な振る舞いの促進や、相互主義の進展の妨げになって、むしろ日本人一般の韓国嫌いに拍車を掛ける結果になっているのです。

少し、話が脱線しましたが、韓国に対して切り札になる5つの提言について、①～④は、まずは取引材料として打ち出すにとどめるだけでもいいと思いますが、⑤はそれらとは切り離して、すぐにでも実施しても良いことです。

このほか、大学入試や教育における韓国語の位置づけ変更なども考えて良いのではないでしょうか。入試で英語や仏独露語のような欧米系言語と同じように、日本語と似た韓国語を「外国語」として位置づけるのは、朝鮮学校の生徒をはじめとするコリアン系への優遇策でしかないからです。

徴用工判決がとどめを刺した天皇陛下訪韓の可能性

韓国の徴用工賠償判決には、実は隠れた最大級の影響がありました。文在寅大統領の国賓としての訪日を難しくし、今上陛下による訪韓の可能性を最終的に吹っ飛ばしたことです（もともと可能性は非常に少なかったのですが）。

韓国側から戦後の日韓関係の基礎を否定してしまった以上は、この問題を元のさやに収めるか、あるいは何かウルトラCの秘策でも打ち出さない限り、文在寅大統領に国賓として訪日してもらい、国会で演説してもらうというのは無理です。

韓国の歴代大統領は天皇陛下の訪問を強く希望しており、とくに李明博《イミョンバク》大統領は熱心でした。

天皇陛下は、2002年FIFAワールドカップ日韓大会の前年、自分の先祖に百済《くだら》の武寧王《ムリョンワン》があることに言及されたこともありますし、高句麗からの難民に由来する埼玉県の高麗神社を訪れられたこともあります。訪韓について正式に言及されたことはありませんが、条件が整えばということで、その希望を持っておられると言われてきました。

それを難しくしたのは、朴槿恵大統領以来の反日路線でしたが、この徴用工騒動で最後の可能性も絶たれたと言えます。

ちなみに、大正天皇は、皇太子時代の1907年に大韓帝国を訪問されています。しかし、昭和天皇は皇太子時代に台湾を訪問されているものの、朝鮮は訪問されていません。

戦後の国交回復ののち、皇族では高円宮ご夫妻がFIFAワールドカップの時に、三笠宮崇仁殿下ご夫妻が旧皇族である李方子《りまさこ》さんの葬儀の後に訪韓されています。

いずれにしても、いつかは〝初〟の天皇訪韓はしなければならないのですが、そのためにはいくつもの条件整備が必要となります。例えば、天皇陛下のことを「日王」などと失礼な呼び方をすることを、民間報道も含めてやめるように韓国政府が保証するのは当然の前提となります。

中国は1871（明治4）年の日清修好条規の締結の時に、日本との関係は歴史的にも対等であったことを認めているので、韓国が言う「日本の君主が『天皇』などと名乗ることは中国との関係でありえない」などという論理は、その中国自身によって150年近く前に否定されているわけです。

失礼な呼称をやめることは、韓国に対する一方的な要求ではありません。日本だって、盧泰愚《ノテウ》大統領の時から人名などを日本読みでなく、韓国読みにするようにという要求に放送局などが応じています。

また、日本統治時代については、過去のお言葉や歴代総理の言い方の範囲を超えるような形で天皇陛下に謝罪させるべきではありません。特に、天皇が首相より踏み込んだ形で歴史認識を語ることは、象徴天皇制の建前からも外れることであり、陛下のご判断で一歩踏み込むことなどあってはならないのです（日韓関係に限らないことですが、昭和天皇の場合には、ご自身が国家指導者であったという特殊事情がありましたが、以降の天皇はすべて政治にはお関わりになることはないので、政府と違う立場からの意見の表明は論理的にあり得ません）。

では、韓国はそうした条件下での天皇訪韓を歓迎するかと言えば、すぐにはそうはならないでしょう。それどころか、天皇に「謝らせてやる」と言った韓国の大統領もいたくらいです。

そういう中で、あらかじめ一歩進んだお言葉など期待していないという明確な約束が韓国政府からあり、それでもいいと韓国世論が納得しているということが、天皇訪韓の最低の条件になると思います。

そもそも、韓国において天皇陛下の身の安全が本当に確保できるかどうかも問題です。防護における技術的な問題もさることながら、伊藤博文を暗殺した安重根《アンジュングン》を英雄として称揚しているお国柄ですから、危なくて仕方ありません。

日韓の関係に似ているということでいえば、イギリスとアイルランドの関係が参考になるかもしれません。アイルランド大統領が、初めてイギリスを公式訪問したのは２０１４年のことですから、１９２２年に自治が認められてから92年後のことになります（正式独立は１９４９年）。２０１１年のエリザベス女王のアイルランド訪問に続くこの訪問で、両国は歴史的和解のひとつの段階を迎えました。

アイルランド大統領はアイルランド人兵士も多く祀られているウェストミンスター寺院の無名戦士の墓に詣でましたが、これは韓国大統領が靖国神社に参拝することに匹敵するものでした。

そういう意味では、戦後まだ70年余り。慌てる必要はありませんが、もうすぐ天皇陛下となられる皇太子殿下が在位されている間、あるいは終戦後100年あたりには実現できるといいと願うばかりです。その実現を目標に、両国が慎重に条件整備を進めて行くとすれば素晴らしいのではないでしょうか。

韓国はなぜ旭日旗を敵視するようになったのか？

歴史を捏造して、新たな諍《いさか》いのタネを創り続けるということで言えば、「旭日旗は戦犯旗だ」という主張も挙げられます。

この珍説がどこから生まれたのかヒントとなる記事が『朝鮮日報』にありました。「なぜ今になって韓国は旭日旗に怒っているのか~戦争の象徴か、自衛隊の象徴か」というなかなか客観的な記事で、その概要だけ紹介しましょう。

つまり、旭日旗自体は特に悪いものではないが、小泉純一郎内閣以来、日本が右傾化しており、その反発の中で標的にされるようになったというわけです。

戦犯旗という言葉は、そもそも、韓国の標準国語大辞典にもない。ここ10年の間に韓国国内で作り出された新造語とみられる。法的・学術的に通用する概念でもない。戦犯旗という単語がメディアに登場し始めたのは2012年ごろだ。

旭日旗の原型は、江戸時代から使われている朝日の模様で、出産・豊作・豊漁などを祈願するものだ。朝日の模様は、軍隊だけでなく民間でも広く使われている。日本の代表的な革新系メディア、朝日新聞社のロゴもこの模様を応用したものだ。

日本では、帝国主義の称揚とは全く関係ない流れでひんぱんに使われている。だが周辺国では、旭日旗だけでなく、それを借用したイメージまで全て戦犯旗や帝国主義と関連付けて認識している（筆者註：このあたりは飛躍している）。

戦後、自衛隊が創設された際、旭日旗も一緒に復活した。在日米陸軍航空大隊など一部の在日米軍部隊は、旭日旗のイメージを借用した部隊マークを使ってもいる。軍艦の軍旗掲揚は国際法に基づく義務的な措置だ。国連海洋法条約は、軍艦が航行する間、国籍を識別できる旗を掲揚することを義務として定めている。韓国海軍もまた、それに従って海軍旗を掲揚する。

ドイツとは異なり日本は、政府レベルで南京大虐殺など戦中の各種犯罪について公式に認めたり謝罪したりしたことがほとんどない。その上、2000年代以降、日本の右傾化がはっきりする流れに合わせ、韓国では旭日旗に対する反感が徐々に増幅されているのが実情だ。少女時代やBIGBANGなど韓国のアイドル歌手が、旭日旗を連想させるイメージの入った服を着たりソーシャルメディアにアップしたりして世論の集中砲火を浴び、公に謝罪するという事件がしばしば起きているのが代表例だ。

いずれにしろ旭日旗は、1870年に大日本帝国陸軍の旗章たる「陸軍御国旗」として考案・採用されてからずっと使われていたもので、ナチス時代だけに使われていた鉤十字（ハーケンクロイツ）やそこから派生した軍旗と一緒にされるようなものではありません。それ以前にドイツだってワイマール共和国時代の国旗とナチス時代も使われていた国歌を復活させているのですから、ドイツとの比較もまったく意味をなしていないのです。

ところが、韓国は旭日旗をサッカーの応援に使うなと言い、よく似たデザインの商品や芸術作品にまで撤去とか販売停止を世界中で呼びかけています。とくに、アメリカの学校では、1928年に制作されたペンシルベニア大学のステンドグラスに使われている世界各地を象徴する模様が旭日旗であるとか、ロサンゼルスの学校の壁画に女優エバ・ガードナーの肖像の背景として放射線状の太陽光が描かれているのが旭日旗に似ているとかと言って、浅はかなコリアン愛国少年たちが中国の紅衛兵的な騒ぎを起こしたりしています。

紅衛兵たちは、なんでも屁理屈をつけて、恩師であろうが両親であろうが反革命分子のレッテルを貼ってリンチしました。もうその思想と同じですから、その異常さを日本政府も世界に知らしめるために、人も資金も出して対策を取るべきでしょう。そうでもしないと韓国政府も動きませんし、このままだと、世界の大学などで韓国人学生が排斥されることになりかねず、これを阻止することは、大部分の普通の学生のためになると思います。

また、旭日旗の問題は国のシンボルに対する侮辱でもありますから、旭日旗排斥にかかわった人物は入国禁止にしてもおかしくないのではないでしょうか。

こうしたことに反撃するには、海外においては、ドイツをはじめ各国が過去の戦争時にも使われた旗を多く使っていることなどを引き合いに出して韓国の言い分がでたらめであることを知らしめるとともに、韓国の国旗である太極旗は、日本の国旗である日章旗のパクリだからやめろとかいう反撃もひとつの知恵です。

これに限らず、韓国には日本を真似たものが多いので、逆に彼らの「親日痕跡排除キャンペーン」に悪乗りして「パクリ非難キャンペーン」を仕掛けて、韓国社会を混乱させるのも面白そうです。

あるいは、韓国の古刹《こさつ》（由緒ある古い寺）である海印寺《ヘインサ》などに行くと、色鮮やかで巨大な卍マークが鎮座していましたが、それこそ、ナチスの鉤十字のようでした。日本では巨大な卍マーク、まして、カラフルなものを掲げるなどありえませんから、ちょっとドキッとしました。韓国は無神経とか言ってみるのもいいかと思います。

日韓合意のちゃぶ台返しで、中国に学ぶべき韓国のあしらい方

韓国大法院による徴用工判決だけでなく、韓国の文在寅政権がほかの分野でも国家間の合意を軽視しています。

政権を取って以来、慰安婦問題の「最終的かつ不可逆的な解決」を確認した2015年の日韓合意についてのちゃぶ台返しを画策していましたが、2018年11月21日に韓国政府が驚きの発表を行いました。日韓慰安婦合意に基づき、日本政府が10億円を拠出して韓国政府が設立した『和解・癒やし財団』を解散するというのです。国家間の合意を反故にする韓国のやりたい放題は止まりません。

私は、韓国に対して前記のように5つの報復措置の可能性を提案していますが、その前に日本は中国から学ぶものもあると思います。

2017年末のことですが、文氏が訪中した時に屈辱的な扱いを受けていました。空港の出迎えに始まり、すべてが格下扱いされ、共産党指導部との会食は2回だけ、習近平国家主席との共同記者会見もなし。さらに、中国の警備陣から記者が暴行され

て大ケガするおまけまでつきました。

中国も韓国を味方にしたいだろうに、どうしたことかと思った日本人も多いでしょう。しかし、冷たくされた文氏は怒るのでなく、青くなってゴマをすっていました。

これは、別に誹謗ではありません。裏返しにしたら、日本人の甘いなれ合い体質が浮き彫りになります。日本人は島国であるためか、何ごとも、はっきりさせずに誤魔化すのが好きですし、外国人もそうだろうと思います。

しかし、さすがはさまざまな諸民族との付き合いになれた中国です。かの国の扱いを心得ているようです。

謙虚にして誠意が通じるとか考えるのはやめて、日本も中国同様に韓国を冷遇すれば良いのかもしれません。

古代からの歴史を振り返っても、朝鮮半島の人々が大国のはざまでひどい目に遭ったというのは嘘です。逆に、コリアン国家が日本や中国などの大国を振り回したのが歴史的事実なのです。

例えば、新羅《しんら》は日本の友好国の百済をめぐって中国と日本を戦わせました。日本を襲った元寇にしても、高麗が元をけしかけて実行させたものです。また、日清戦争にしても、閔妃と大院君が日本と清をてんびんに掛けて、妄動した結果なのです。日中両国が仲良くなって、朝鮮半島のことなど気にしなければ東アジアは平和だと日中は気づくべきです。

かつて私は、歴史についての言い分を日本から強く主張しなくても、彼らが成熟すれば徐々に公正な見方をするようになるだろうと考えていましたし、それを願っていました。しかし、旭日旗の騒動に代表されるように、現実にはますますエスカレートし、反日の歴史捏造を過熱させています。

私は「それでもなお、いつかは……」と相手に期待するのは無駄なことで、彼らの嘘を放置するとかえって溝が深まるだけだと思うようになりました。

ただし、それは、かつて日本からはあまり強く言い分を主張しなかったことが間違いだったと思っているわけではありません。日本は国交回復から半世紀も我慢強く謙虚な態度で臨んできたが、そのことがかえって両国の溝を深めることが明らかになったので、もはや遠慮しないと言えるからです。

この苦い経験がなければ、日本がきちんとした自己主張をするのを妨害する人に対して、国民的なコンセンサスをもって、反撃することは難しかったと思います。

結局、ここで日本が妥協して、自衛隊の旭日旗掲揚をやめたとしても、また新たな諍いのタネを創り出し、別の犠牲者が出るだけ。妥協するだけ無駄です。

そこで、韓国の蛮行の数々に対しては、オーソドックスな官僚的対応だけでなく、できるだけスマートながらも本当に相手が困る報復手段を考案し、それをちらつかせて、それでも止まらねば実行するしかないと私は考えます。具体的には、先にも述べた5つの対抗策がそれですし、他にもいろいろあると思います。

もちろん、こうした対抗策で報復すると、日韓で激しい対立、衝突が起きるのではと心配する人がいるでしょう。

ことを荒立てたくなくて、ガンジーのような無抵抗主義でいくべきだという人もいますが、ガンジーの相手となったイギリスと韓国は違い過ぎます。ガンジーの場合、無抵抗主義がイギリスの世論にアピールする確かな見通しと演出力をもって実践していたのであり、そういう意味ではなかなかしたたかな人物でした。

しかし、日本人の無抵抗主義を見て、韓国人が恥じ入って反省し、真っ当になるかというと、とてもではありませんがそれは期待できません。

一般に中国人などが「半島の人は強い力で抑え付けられるとおとなしくなる」など

と言っていますが、日本もこれまでの教訓から、残念ではありますが、そういう方針を取るほうが良いのではないでしょうか。

あるいは、半島のワガママを許さないためには、日本と中国が手を組むのが良いかもしれません。考えてみれば、日中間の諍いのタネは、古代からずっと半島の問題だったのです。

別に半島を責め立てるのではありません。日本と中国が、互いに半島を利用しないように心がければ十分なのです。

第二章

大韓民国の虚構と歴代大統領の反日ヘイト

「南北分断は日本のせい」という世界に流布された嘘

世界の多くの人が誤解していることとして、「朝鮮の南北分断は日本のせい」というのがあります。この際はっきり言わなくてはいけませんが、朝鮮半島の南北分断は単純に連合国内の都合で生じたもので、日本には何の責任もありません。

時は1945年8月、日本の終戦が唐突に朝鮮半島にもやってきました。日本の統治下にあった朝鮮を混乱なく独立させるためには、まずはそのままの統治体制を維持して、何年後かの独立を目指すべきでした。

しかし、ヤルタ会談での密約に従ってソ連が参戦したために、朝鮮半島は北緯38度線を境界にソ連軍とアメリカ軍がそれぞれの占領下に置いてしまいます。

戦後、38度線以北ではソ連が軍政を宣布しましたが、準備万端だったソ連は行政権を金日成《キムイルソン》率いる人民委員会に与えて民生府を設置し、金日成を通してソ連の影響力を行使することとなります。

アメリカは先発隊を朝鮮総督府に送り、とりあえず現状維持を支持した上で9月8

日に上陸しました。アメリカは国連による信託統治を目指していましたが、ソ連との話し合いはたちまち暗礁に乗り上げました。そこでアメリカは一方的に国連主導で問題を解決しようとして、国連は南北朝鮮総選挙と統一政府樹立を行うことを決定しましたが、アメリカ軍の支配地域のほうが人口も多い中での選挙は不利と見たソ連は拒否しました。

そこで1948年5月10日に南だけで総選挙を行いましたが、これが南北分断につながると見た人々は選挙の実施に反対し、特に済州島では4月3日午前1時を期して一斉に民衆蜂起がありました（済州島4・3事件）。

アメリカ軍は「暴徒7895人を射殺した」と発表しましたが、実際の死者はもっと多かったとも言われています。また、この時に多くの島民が難を逃れようと日本へ密航して、在日韓国人となりました。

多くの勢力がボイコットした中で選挙は行われ、李承晩《イスンマン》の韓国民主党と所属議員たちが主導権を取りました。5月31日には制憲議会が開催され、国号を「大韓民国」とし、7月17日には憲法を公布。20日に李承晩を初代大統領に任命し、8月15日の記念式典で大韓民国の建国が宣言されました。また、12月には国連でも大韓民国が承認され、各国政府がそれに続きました。

これが正しい分断の歴史ですから、将来の南北統一の時に「日本には責任があるから統一コストを負担して当然」と、だまされるべきではありません。その時点で友好関係であれば、ほどほどに協力すれば良いだけのことです。

李承晩の抜擢と北朝鮮の建国までの流れ

李承晩が南朝鮮の指導者となれたのは、もっぱらアメリカの意向です。もし韓国の独立が日本からの円滑な独立で生まれたとするなら、李王家の復帰や、日本政府要人になっていた人物を中心にする考えもあり得たはずです。しかし、冷戦開始以前のアメリカにはそういう発想はありませんでした。

そこで目をつけたのが、世宗《セジョン》（ハングルを制定した名君）の兄である譲寧大君《ヤンニョンテグン》の末裔《まつえい》という名門出身で、日韓併合前にプリンストン大学やハーバード大学に学んで英語も上手な李承晩だったわけです。

李朝の系図

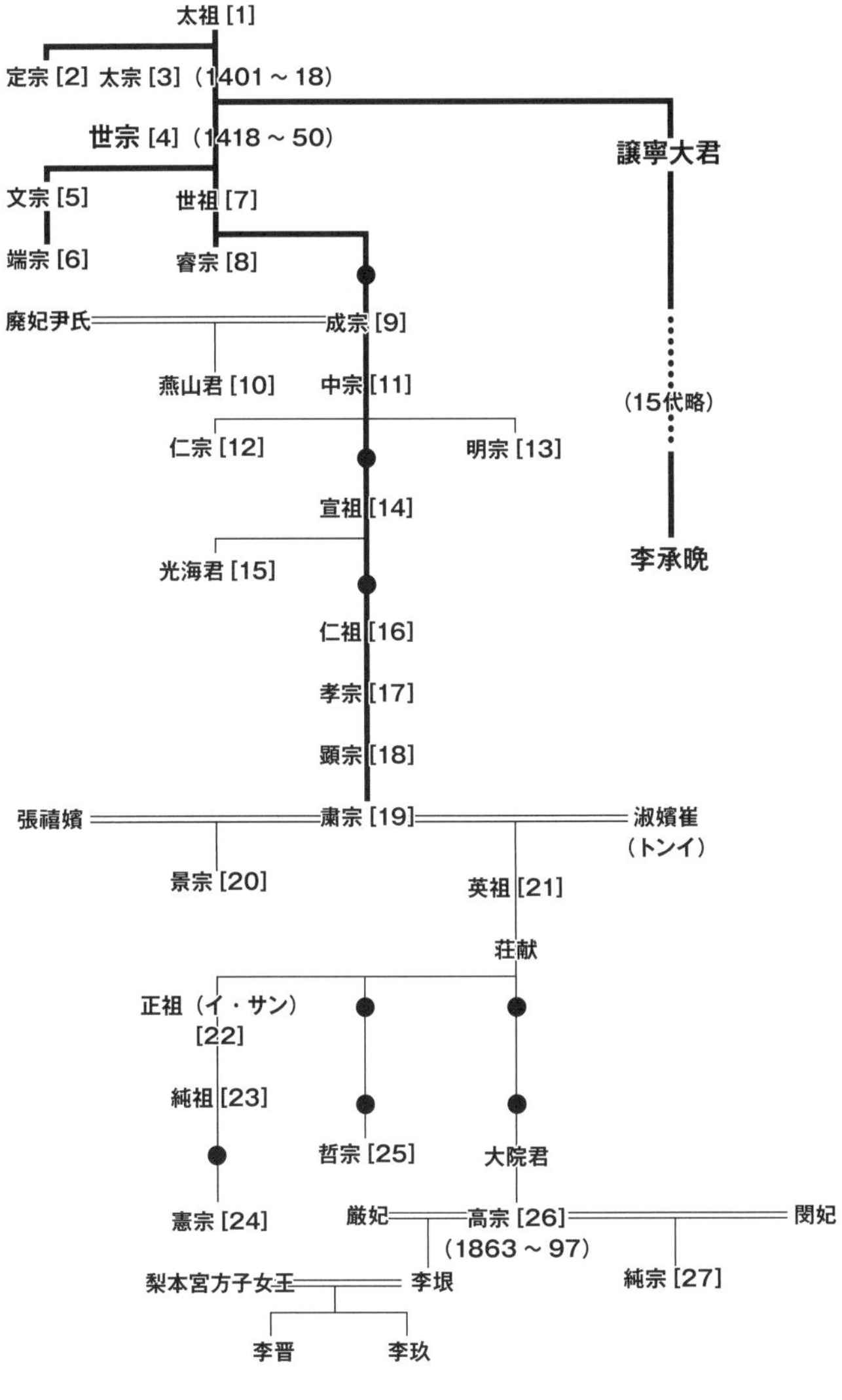
太祖 [1]
定宗 [2]
太宗 [3]（1401～18）
世宗 [4]（1418～50）
讓寧大君
文宗 [5]
世祖 [7]
端宗 [6]
睿宗 [8]
廃妃尹氏
成宗 [9]
燕山君 [10]
中宗 [11]
（15代略）
仁宗 [12]
明宗 [13]
宣祖 [14]
光海君 [15]
李承晩
仁祖 [16]
孝宗 [17]
顕宗 [18]
張禧嬪
粛宗 [19]
淑嬪崔
（トンイ）
景宗 [20]
英祖 [21]
荘献
正祖（イ・サン）
[22]
純祖 [23]
哲宗 [25]
大院君
憲宗 [24]
厳妃
高宗 [26]
（1863～97）
閔妃
梨本宮方子女王
李垠
純宗 [27]
李晋
李玖

李承晩は、日本統治下の朝鮮にはほとんどいませんでした。1919年に上海で結成された大韓民国臨時政府設立に加わり、朝鮮独立運動を指揮しましたが、内輪もめにより離脱します。その後は、ずっとハワイに住んでいた人物ですが、保守的な思想の持ち主で、クリスチャン、日本と縁がないことも評価されたのでしょう。

一方で、実務レベルでは、日本の統治機構やそこで働いていた朝鮮人公務員をそのまま活用しないと占領行政が立ちゆかないとアメリカは考えていました。

そのため、トップは非常に極端な反日なのに、実務レベルでは日本時代の組織をそのまま使うという矛盾に満ちた体制が南朝鮮でできあがったわけです。

一方の北朝鮮については、第六章でくわしく取り上げますが、ソ連は占領地で行政組織を樹立するノウハウを持っており、実に手際が良かったのです。占領した北緯38度線以北では、土地改革で人気を取り、1948年9月9日に「朝鮮民主主義人民共和国」の建国を宣言しました。

こうして南北朝鮮に分かれたわけですが、李承晩政権の評判は散々で、1950年5月の総選挙でも与党が敗北しました。また、前年の10月には中国で共産党が政権を取っていましたので、武力統一が可能だと考えた金日成は1950年6月25日の明け方に150台の戦車を先頭に南進を始め、3日にしてソウルを占領しました。これが朝鮮戦争の始まりです。

権力に固執した李承晩の悪行の数々

不意打ちされたアメリカは、国連安全保障理事会で韓国への派兵と国連の総司令部設置、そして国連旗の使用を決議させ、指揮権を握りました。この時、ソ連は中国代表権を国民政府が維持していることを理由にボイコットしていて拒否権の発動ができませんでした。

7月には東京に国連軍総司令部が設置され、ダグラス・マッカーサー将軍が総司令官に任命されました。韓国軍も国連軍に組み入れられ、なんとか釜山を守りました。

そして9月15日には、現在、国際空港がある仁川への上陸作戦に成功してソウルを奪回し、11月には鴨緑江の近くまで進出しました。

しかし、ここで毛沢東の中国が義勇軍という形で実質介入し、51年1月4日には再びソウルをいったん陥落させました。

この戦争でマッカーサーは満洲の主要都市に原爆を投下して中国軍を抑えることを主張しましたが、ハリー・S・トルーマン大統領は同意せず、マッカーサーは解任されて、10月25日にソ連の仲介で板門店停戦会談が行われて停戦が合意されました。

その結果、38度線そのものでなくイムジン川を境界にした現在の軍事境界線が成立して、現在に至っています。

朝鮮戦争休戦ののちも李承晩政権の悪政は続きました。１９５１年には政権長期化のために大統領直接選挙と二院制を骨子とした改憲案を国会に提出しますが、圧倒的多数で否決されました。しかし、翌年の7月に非常戒厳令を発令して議員たちに強制的に国会を開催させ、起立表決で可決させました。

さらに、１９５4年の民議院選挙では買収、脅迫、不当逮捕など選挙への干渉を行いました。それでも改憲のための議席数に満たなかったので、反対票を四捨五入でなく切り下げで計算して改憲成立としました。

また、野党議員を地下室に監禁して可決した国家保安法改正で首長選挙を中止して大統領の任命制としたり、死刑と終身刑の対象を広げました。

余談ですが、私は日産事件で、カルロス・ゴーンを逮捕させて、鬼のいぬ間に主導権を握ろうという西川廣人《さいかわひろと》社長らの汚いやり方は、この時の李承晩のやり方に学んだのではないかと睨んでいます。

しかし、1960年3月の大統領選挙においては、投票所で野党候補への投票を妨害し、各地でデモが起き、李承晩はついに、アメリカ・ハワイに亡命しました（4・19学生革命）。こんなひどい大統領でしたが、今の韓国では国父扱いされているのは、のちの軍事政権をはさんで、敵の敵は味方と言うことでしょうか。

「反日」を利用した李承晩は自らの首を絞めた

日韓関係について見ても、李承晩は自らの政治権力掌握の手段として「反日」を利用し、両国関係にも韓国経済にも致命的な打撃を与えました。

李承晩は上海で大韓民国臨時政府を樹立した中心人物のひとりだったので、「日韓併合は無効である」という主張をし続けました。これは日本としても絶対に受け入れられない話です。

アメリカやイギリスにしても当時は日韓併合を支持していましたし、何よりもアメリカのハワイ併合など、現在の国際法秩序の基礎をなす過去の多くの領土併合も無効だという主張に道を開くことになりかねませんから、絶対に乗れるはずがありません。

日本は妥協して「もはや無効」、つまりポツダム宣言受諾に伴って日韓併合が無効になったという玉虫色の解釈で李承晩の面子《メンツ》を立てようとしたのですが、それでも嫌だと李承晩はこだわりました。

また、日韓併合は無効という主張の延長線上で、大韓民国臨時政府が日本に宣戦布告をしたので（真実は伝達すらしていないのですが）、戦勝国の一員であるとも言い出したのです。

この荒唐無稽な主張も英米が認めるところとならず、李承晩はサンフランシスコ講和会議に呼ばれなかったことは言うまでもありません。さらに、李承晩は戦勝国だという立場から「賠償」も求めましたが、これもムチャな要求です。

また、日本が半島に残した財産の補償を要求できるかどうかも問題になりました。領土を独立させる場合、不動産、鉄道、設備など資産を引き続き所有するか買い上げてもらうかするのが普通です。

個人の資産はもちろんですし、日本国のものも半島では税収より投資のほうが多かったのですから、タダで提供する必要はなかったのです。**本来であれば韓国側が日本にかなりの金額を払うべきでした。**

また、韓国由来と言われるすべての文化財の返還も要求しましたが、正当に購入したものや数百年前に渡来したものまで含めての話でした。

こうした問題について日本側代表だった久保田貫一郎大使は理路整然と反論を述べました。どうせ受け入れられないことを主張するのが良いのかはともかく、日本側の主張は正しいものでした。しかし、聞くのも嫌だということで交渉は決裂しました。

また、李承晩は独断で設定した韓国と周辺国との間の海洋境界線「李承晩ライン」を引いて日本漁民を抑留したり竹島を占拠したりしたのですが、それらは日韓関係の面倒な棘になって韓国にとって大きな損失をもたらし続けています。

朴正熙政権になって一気に進展した日韓国交回復

李承晩政権が倒れたあと、1960年7月、議院内閣制の憲法を制定し、総選挙を実施し、尹潽善《ユンボソン》を大統領に選出しました。この、尹大統領のもと、首相となった張勉《チャンミョン》は日韓国交回復をめざしました。

この頃の民主勢力は労働運動とも連携してアメリカ軍の撤退と民主的な統一を主張していましたが、それは事実上、北朝鮮への合流と同義でした。

これに危機感を持った、朴正熙《パクチョンヒ》や金鍾泌《キムジョンピル》などの陸軍士官学校第8期生を中心とした将校が「軍事革命委員会」を名乗り、反共軍事クーデター、いわゆる「5・16軍事クーデター」を起こします（1961年5月16日）。

非常戒厳令が出されて集会や海外渡航の禁止、事前検閲、夜間通行の禁止時間の延長を打ち出し、「国家再建最高会議」が創設されて、朴正熙が議長となりました。また、金鍾泌が強力な権威を持つ「ＫＣＩＡ」（大韓民国中央情報部）を創設しました。

国家再建最高会議は1962年に政党を解散させ、1000以上の新聞や雑誌を廃刊させ、さらに政治活動浄化法で4374人に6年間政治活動を禁止したうえで、大統領の権限を強化した新憲法を制定しました。

1963年10月の大統領選挙では、朴正煕が46・6％の得票率ながらも当選し、一応、民選大統領としての体裁が取られました。また、総選挙でも与党の民主共和党が175議席中の110議席を占めて政権を安定させました。

そして、この朴正煕政権のもとで日韓国交回復の交渉が進められました。クーデター直後の1961年秋の大平正芳外相と金鍾泌KCIA部長の会談は、双方の政治家の英断で一気に局面が切り開かれました。

経済協力について無償3億ドル、有償2億ドル、民間借款1億ドル以上という条件で合意したのですが、借款を大きくしたことで金額を増やし、韓国経済の発展に大きく貢献しました。

また借款は返さなくてはならないために、かえって安直な目的に使用されないという長所もあったのです。

そして、李承晩ラインは撤廃され、歴史認識問題や竹島（独島）の帰属問題は「解決せざるをもって解決したとみなす」で知られる「丁（一権）・河野（一郎）密約」

で棚上げされました。

「日本国と大韓民国との間の基本関係に関する条約（日韓基本条約）」が結ばれたのは1965年のことですが、日本国内では「北朝鮮と同時にしろ」、韓国では「屈辱的だ」という猛烈な反対運動が繰り広げられました。しかし、この条約を結んだおかげで韓国の躍進が実現したことはたしかです。

「漢江の奇跡」を成し遂げた3人の軍人大統領

「漢江の奇跡」は、1960年代の半ばから、1997年にIMF（国際通貨基金）管理下に入るまでの韓国経済の大発展のことです。そのほとんどの期間は朴正熙（1963〜79年）、全斗煥《チョンドゥファン》（80〜88年）、盧泰愚（88〜93年）という3人の軍人が大統領を務めていました。

朴正熙大統領の就任時には、なんと北朝鮮より低かった一人あたりのGDP（国内総生産）は、ソウル五輪（1988年）の時には2倍になり、現在では20倍くらいになっています。

この成功は日韓国交回復と、それに伴う経済協力が最も大きな契機となっていますが、ベトナム戦争や出稼ぎも見逃せません。

韓国はベトナム戦争に1965年から8年間に32万人を派兵しました。韓国軍は勇猛で最もベトコンから恐れられましたが、戦場での行儀の悪さは、「ダイダハン」と言われる混血児の問題とともに、最近よく話題になっています。また、この派兵はビジネスの機会としてもフルに活用されました。

それ以前にはドイツへの出稼ぎが盛んな時期がありましたし、近年は中東のインフラ建設が経済を支える柱になっています。独裁政権のところへ稼ぎに行く姿勢には賛否両論あります。

いずれにせよ、いつの時代にもこういう経済最優先の政策は国民に人気がないものです。そして、3人とも今となっては「反民主的」だったと非難されていますが、功績にも目を向けるべきでしょう。

では、朴正熙政権のその後を見ていきましょう。

1970年代に入ると韓国では民主化の機運が高まり、71年の大統領選挙では金大中に肉薄されました。総選挙でも敗れて体制維持が困難になり、翌年「10月維新」と呼ばれる事実上のクーデターを断行しました。

国会は解散させられ、「非常国務会議」が立法府の権限を代行しました。新憲法によって72年と78年に大統領選挙が行われましたが、いずれも間接選挙でした。そして朴正熙大統領は側近でKCIAの部長だった金載圭《キムジェギュ》によって暗殺されてしまいます。1979年のことでした。

その間、72年には、李厚洛《イフラク》KCIA部長が北朝鮮に派遣されて、金日成主席と会談して、「7・4南北共同声明」を発表しました。これは南北間の交流の第一歩となり、南北赤十字会談などの仕組みが発足したので、大きな歴史的意義がありました。

この頃、大統領選挙で敗れた金大中は日本や欧米で韓国の民主化を訴えていましたが、これに不安を感じた朴政権は、73年8月に東京・九段のグランドパレスホテルから金大中を拉致しました。日本海での殺害を予定していたものの、アメリカや日本の圧力があって思いとどまったようで、金大中は5日後にソウル市内の自宅近くで発見されました。

中曽根総理の盟友・全斗煥とソウル五輪の盧泰愚

朴正熙の暗殺ののち、崔圭夏《チェギュハ》首相が大統領になったのですが、新政権は暗殺事件の真相究明を避け、政治犯の釈放なども行いました。

そこで、国軍保安司令官の全斗煥は戒厳司令官の鄭昇和《チョンスンファ》陸軍参謀総長を朴大統領暗殺事件に関与したとして連行。これが79年の「12・12クーデター」です。

1980年5月には主要都市を戒厳令下に置き、金大中、金鐘泌、李厚洛を逮捕し、金泳三《キムヨンサム》も自宅軟禁としました。

全羅南道の光州市で学生たちの民主化要求のデモが始まると、空挺部隊が無防備な学生らを大量殺戮した「光州事件」が起こりました。死者は1985年の政府発表で191名と言われています。その後、全斗煥は9月1日に大統領に就任しました。

金大中はデモの首謀者として死刑判決を受けますが、日本の抗議もあり、恩赦でアメリカに出国することで妥協が図られたのです。

全斗煥政権は、1982年には久々に夜間外出禁止令を解除し、1984年には大統領として初めて日本を訪れ、昭和天皇との晩餐会に臨みました。歴史教科書に注文をつけたものの、当時の中曽根康弘総理と良好なコミュニケーションを保ち、日韓併合に至る歴史については韓国側にも原因があることを認めるなど、日本との関係は相対的に良好でした。

一方で、南北関係は緊迫度を増します。1983年には全斗煥がミャンマーのアウン・サン廟を訪問する機会を狙って北朝鮮の工作員による「ラングーン爆弾テロ事件」が発生し多くの要人が死亡しました。1987年には北朝鮮の工作員・金賢姫《キムヒョンヒ》らが「大韓航空機爆破事件」を起こしました。ソウル五輪の開催決定もあって、北朝鮮の孤立が目立ち焦った結果と言えます。

全斗煥は学生運動の強力な取り締まりを行い、失業者、ホームレス、犯罪者、学生運動家、労働運動家など4万人を逮捕して、軍隊の「三清教育隊」で過酷なスパルタ教育を受けさせ、大量の死者を出したこともありました。

その一方で、任期後半には金大中、金鍾泌、金泳三のいわゆる「三金氏」の政治活動を認めて、民主化への方向付けを行いました。

ソウル五輪を控えて、全斗煥政権も民主派もあまりムチャなことはやりにくいという好ましい雰囲気の中で、１９８７年に全斗煥と陸軍士官学校で同期だった盧泰愚《ノテウ》が、16年ぶりに行われた民主的選挙で当選しました。

盧泰愚はソウル五輪を一応成功裏に開催させて、前大統領の全斗煥政権時代の不正追及をする一方、金泳三と金鍾泌を与党に取り込んで難局を乗り切りました。ただ、**この前大統領への追及という前例は、のちに自分の身にも降りかかり、その後の悪習となりました**。

デタント（緊張緩和）が進む中で、「北方外交」の名の下に１９９０年にソ連と、92年に中国との国交正常化に成功しました。また、91年には北朝鮮との国際連合南北同時加盟を実現します。

この朴正煕、全斗煥、盧泰愚という3人の軍人大統領は、人権や民主主義の尊重という点では問題がありましたが、権力維持のために経済を犠牲にしなかったことは、この国の歴史において稀有なことでした。

また、朴正煕については私生活においても非常に清廉であったことは誰もが認めざるを得ないようです。

“アマチュア政治家”金泳三の反日姿勢

金泳三は慶尚南道巨済島の網元の家に生まれ、李承晩時代に最年少代議士になって以来、政治家として長い経歴を持っています。

政治的な配慮や柔軟性に優れる一方で、政策通とは言いがたく、また大局的な視野に欠けました。

1990年に盧泰愚、金鍾泌とともに巨大与党である民主自由党を誕生させ、92年に軍人大統領から民間人大統領にソフトランディングさせました。

また、野党政治家やかつての学生運動家、学者などを抜擢して左派を北朝鮮シンパから脱皮させましたし、「金融実名制」を実施したことも評価されています。

しかし、経済政策には弱く、97年のアジア通貨危機でIMFの援助を受けざるを得なくなる大失策を犯し、散々な評判の中で退任しました。

日本語で話すことが多く、日本人にも知己が多いなど、特に反日的とも思えないのですが、**政治的にそれが有利だと思うと、後先考えずに反日カードを切りました**。それがその後の大統領の悪しき先例になりました。

「（竹島を）爆破してしまいたい」と発言したとも言われる朴正熙の時代以来、ほとんど凍結状態にあった竹島問題でしたが、金泳三は強硬姿勢をエスカレートして政治的に利用しました。

また、「日本をしつけ直す」（中国の江沢民国家主席との会談の中で）、「日本のポルジャンモリ（バカたれ）」などと、大統領にあるまじき無礼な言葉遣いをしたと言われます。

さらに、靖国神社参拝問題を取り上げたのも金泳三です。日本と戦った中国がこの問題について意見があるのは理解できるとしても、戦時中は日本と一体だった韓国には関係のない話で（中国はA級戦犯合祀問題を解決すれば出口がありますが、昭和以前の戦争も問題にする韓国の論理ではそれでは済みません）、ふざけています。

また、せっかくの文化遺産である旧朝鮮総督府の解体を決定したのも金泳三でした。

北朝鮮を訪問してノーベル賞をとった金大中

金大中（大統領在任1998～2003年）は、全羅南道の出身で日本統治時代の名前は豊田でした。金大中事件で拉致されたり、全斗煥政権下での光州事件の首謀者として死刑判決を受けるなど左派の代表的な政治家として位置づけられました。

大統領になったのはIMF管理下に置かれた中だったことで、左派的な経済政策は取ることができずかえって好運でした。

また、大統領選挙で朴正煕の右腕だった金鍾泌と手を結んだため、朴正煕政権をはじめ軍人大統領の時代について過度に厳しい姿勢も取れなかったことから、ここでもかえって混乱を起こさずに済みました。

サムスンをはじめとするIT系の企業や、現代《ヒュンダイ》グループが世界的な企業グループとして躍進したのもこの金大中が大統領の時代で、G20のメンバーとなるなど、世界主要国としての地位も得ました。

北朝鮮に対しては「太陽政策」を展開し、2000年に平壌を訪問して金正日《キムジョンイル》国防委員長との南北首脳会談を行い、ノーベル平和賞を受賞しました。ただし、この会談の実現のために多額の裏金を北朝鮮に送金しました。

ちなみに、金大中はノーベル賞をとった唯一の韓国人ですが、日本人として生まれ、1943年に木浦公立商業学校（現・木商高校）を卒業していますので、日本の教育システムが生み出した人物と言えるでしょう。

余談ですが、唯一の韓国生まれのノーベル賞受賞者としては、チャールズ・ペダーセンという人がいます。1904年に大韓帝国時代の釜山でノルウェー人と日本人の父母の間に生まれて、日本で育って、日本のインターナショナル・スクールで学び、アメリカで高等教育を受けて受賞時はアメリカ国籍でした。

金大中は、東京での拉致事件や死刑判決を出された時に日本政府に救われた恩義もあり、日本大衆文化の部分的な解禁や、天皇陛下に対して「日王」と呼ばないこと、そしてFIFAワールドカップの共催など、在任中には比較的良い流れが見られていました。

盧武鉉《ノムヒョン》（大統領在任2003〜2008年）や、それに続く李明博、朴槿恵、文在寅といった顔ぶれを見れば、この4人は過去の大統領たちと同格の存在とはとても思えません。

彼らに共通しているのは、好ましくないと自分でもわかっている政策であっても、国民が望むのだからと正当化して進めたり、あるいは真面目に議論せずに世論をあおって政治を動かすといったポピュリズムに流れてしまったことにあります。

ポピュリズムを体現した盧武鉉の政治

苦学して弁護士になった盧武鉉は租税関係などの儲かる仕事が得意な弁護士で、しばしば琵琶湖でヨットを滑らせていたと聞きました。たまたま友人の代理で担当した事件に義憤を感じて社会派弁護士となり、金泳三のもとで政界に進出しました。その後、野党的な立場に徹したいと金泳三と袂を分かちました。そして、インターネットを駆使して若い世代の人気を集め、ネット上での議論を通じて政策を決めていくといった手法で人気を博していきました。

大統領選挙では、党内の有力候補2人がテレビ討論会を行い、世論の支持率が高いほうを統一候補として擁立するという手法が採用され、２００２年12月に、大統領に当選します。

盧武鉉は、在韓米軍の兵士が韓国の女子中学生を交通事故死させ、しかも在韓米軍の軍事法廷が無罪の判決を下した選挙前の事件で、アメリカへの反感が高まっているのも積極的に利用しました。

ただ、盧武鉉は当選したものの、与党は国会の少数派で、野党による選挙訴訟、人格攻撃、大統領としての資質への追及などで攻められ、ついには弾劾審議にかけて職務停止（04年3月12日〜5月14日）にまで追い込まれたこともあります。

過去の軍事政権下における人権抑圧について検証を進めたことや情報公開は評価されましたが、大手マスコミを抑圧し、左派系新聞に有利な政策を取ったり、報道姿勢に制約を加えたりする提案は、強く批判されました。

一方、ソウル一極集中を正すために忠清南道の世宗特別自治市への首都移転計画を進めたのですが、憲法裁判所は、「首都移転は憲法改正をしないとできない」と条文には書いてない論理を持ち出して判定を下しました。

対馬の盗難仏像を返さないとか、徴用工判決もそうですが、普通の国なら党派的な思惑で動くはずがないことまで裁判所が政治的な判断を示してしまうのですからあきれたものです。

盧武鉉は歴史の見直しにも熱心で、日韓併合や日本統治時代の協力者である「親日派」の範囲を、単に要職に就いていただけの人にも拡げたり、朝鮮戦争時の韓国軍による民間人虐殺や軍事政権下での人権抑圧なども厳しく追及しました。

対北朝鮮政策においてはアメリカを非難し、しばしば北の肩を持ったり、アメリカに対して日本を韓米の仮想敵として軍事協力しようと提案したりしました。日本とは竹島問題、靖国神社参拝問題、歴史教科書問題、日本海（東海《トンヘ》）呼称など、**ありとあらゆる分野で対立軸をつくりだし、それを支持率向上に利用しようとしました**。

退任後は帰郷しましたが、政治資金問題で取り調べを受け、自殺してしまいます。皮肉にも自殺したことで同情が集まってしまい、このいい加減な大統領の好感度は高まり、その弟子の文在寅の大統領当選を助けました。

上手に韓流ブームを利用できなかった李明博

2008年、盧武鉉のあとを継いだのが李明博大統領でした。

李明博は大阪市平野区生まれで、本貫は慶州李氏、浦項を出身地としています。生まれた時の名前は月山明博です。明治天皇の「明」と伊藤博文の「博」でないかと言う人もいますが、真偽のほどはわかりません。苦学して高麗大学を出て現代建設に就職し、ビジネスマンとして大成功しました。

2002年にソウル特別市市長に就任して、環境を重視した都市改造政策などで大きな成功を収めましたが、国政の重要ポストの経験はありません。

結局のところ、経営者や地方自治体の長と、国家指導者はまったく性格が違う仕事だということを理解しないまま大統領になったのがこの人の悲劇でした。もしかすると、大統領をもう一度やらせたら存外いい大統領になるかもしれません。

「経済に強い大統領」との触れ込みもあって、いわゆる新自由主義的な方向での改革に徹しました。二重国籍を国家の役に立つ人には認めるとかいうのもそのひとつです。

日本では勘違いしている人がいますが、一部の人に特権を認める二重国籍は公正に反するもので、一部の企業の税金を免除して誘致するのと同じ、一種のダンピング競争なのです。

しかし、韓国での経済格差はもともと一部大企業の突出もあって著しいだけに、説得力に乏しかったのです。就任早々にアメリカ産牛肉の輸入解禁策で世論から袋叩きにあったのはその象徴でした。

北朝鮮との関係では安易な妥協をせずに筋を通していくという姿勢はもっともでしたが、その次にどんな手を打つかというところまでたどり着かないまま任期が終了した感があります。

日本との関係では、おそらく過去にこだわらない未来志向の関係を築こうという意図においては前向きだったと思いますが、具体的な取り組みは思いつきの集積に過ぎませんでした。

竹島問題でも、大統領の上陸がもたらす支持率向上という短期的なメリットと、それで日韓関係の悪化が長期にわたり避けられないデメリットを、比較検討しなかったのは明らかです。

天皇訪韓問題や慰安婦問題でも、言わんとするところはわかるものの、日本から妥協を引き出すために賢く行動したかは疑問です。

第二次世界大戦に関するドイツとの反省の比較を持ち出しましたが、人類史上類例のないナチスの蛮行と、日本の広い意味での植民地支配においてありがちな不幸な出来事とを一緒にされることは、日本にとって受け入れがたいのです。

ただ、運が悪かったことは、任期の半分以上が日本の民主党政権の時期と重なり、日本側が李明博のアマチュア外交と同様に稚拙な外交をしたので、李明博の側に全面的な責任があるわけでありません。

惜しむらくは、日本では韓流ブームが巻き起こり対韓感情が良かったのに、それを生かせなかったこと。もったいないことをしました。

朴槿恵の「反日告げ口外交」

2013年から李明博の次に大統領となったのが、朴槿恵でした。

朴槿恵は朴正熙元大統領の娘で、生まれたのは朝鮮戦争休戦直後、慶尚北道大邱市です。1974年、母親の陸英修が在日朝鮮人の文世光によって大阪市の交番から盗まれた拳銃で暗殺されたのち、フランスでの留学を切り上げて母親の代理でファーストレディ役を務めました。

実際に会って話すとフレンドリーというのですが、政治家として行動する時は〝柔軟性を欠く鉄の女〟でした。

大統領選挙では分配重視、雇用創出、国の実情に合った福祉を掲げて、李明博の新自由主義路線との違いを際立てましたが、具体性はありませんでした。

厳しい対日姿勢は、父親が元日本軍軍人という立場から親日派とみなされることによる批判を避けるため、やむを得ない面はあります。

父の朴正熙は自分が貧しい農家の子で小学校にも行けなかったのを日本統治下で強制されて学校に行き、そこで認められて師範学校に進み、さらにそこの配属軍人の勧めで満洲国士官学校に学びました。

こうした立志伝中の成功者はそれを誇り、お世話になった人に恩義を感じるものですが、子孫は成り上がり者であることを嫌い、没落名家だったなどと言い訳したがります。

朴槿恵の場合もそうでした。「父は日本のおかげで学校に通って学び、大統領にまでなれた」というのは知りたくない恥でした。

「韓国の反日戦後教育で洗脳された世代だから、親とは関係なく反日なのだ」といったのは呉善花《オソンファ》さんですが、その見立てが当たっていたという印象もあります。

本当は、日本人が父親に親近感を持っているのはわかっているのですから、それを上手に利用してほしいところでした。しかし、世界各国で「告げ口外交」を展開するなどして、みずからを出口の見えない状況に追い込んでしまいました。

特に、就任直後の2013年の3・1独立運動記念式典での「(日本と韓国の)加害者と被害者という歴史的立場は、1000年の歴史が流れても変わることはない」という演説は、多くの日本人に「それなら、いくら誠意を尽くしても無駄だ」という確信を強めさせました。

外交の基本に中国との良好な関係を置いたのは、韓国経済が中国市場の発展に支えられていることが理由ですが、効果は思ったほどのものにはなりませんでしたし、かえってなめられただけでした。

過去に中国に付き従ったことで、外交的にも国づくりの上でも韓国が不幸になったという歴史を正しく思い出すべきでした。

そして、2016年10月末に発覚した不遇時代からの友人・崔順実《チェシンスル》の国政介入問題で支持率が急落し、17年3月に朴槿恵は史上初めて弾劾で罷免されたことにより失職し、さらに現在も刑務所暮らしを強いられています（地裁では懲役24年の実刑判決）。

文在寅は日本にとって好都合な大統領だという逆説

韓国の文在寅大統領が南北の平和と夢の統一に貢献できる大統領で、ノーベル賞に値するなどと言うのは、外交がわからない人だけでしょう。

しかし、文在寅は日本にとっても世界にとっても良い大統領だという逆説的な一面があります。まず、文在寅は韓国の大企業の力を徹底的に破壊してくれています。李明博などが新自由主義的な政策を進めて、その結果、法人税率や所得税が低くなるなどして、企業の競争力は大いに上がりました。だから、日本も企業減税などを進めなくては競争力を維持できなくなったのです。

そこで、私は「福島瑞穂さんなどに、〝韓国の企業優遇は日韓両国民共通の敵〟という演説でもソウルでして戦ってほしい」と本気で言っていたほどです。

しかし、文在寅大統領のおかげで企業に有利な政策は後退し、財界人は続々と逮捕されています。これ以上の日本企業と経済と財政に対する貢献はありません。

また、米朝の直接対話が邪魔なく行えるようになったのも文在寅大統領のおかげです。たしかに、米朝対話のためには文在寅は〝素晴らしい〟大統領です。なにしろ、完全に北の意のままに動く存在ですから、面子を立てるとかいう必要がありません。

これまでの大統領はそれなりの自己主張をしたがるため「邪魔」だったのですが、その必要がないわけです。

別に文在寅大統領に金正恩を説得してもらおうとかできるとか誰も思っていませんが、米朝の首脳が合意すれば、南は異存なしというのは結構なことです。

韓国大統領一覧

氏　名	在任期間	在任中の出来事・末路
李承晩 イ・スンマン	1948 ～1960年	大韓民国独立（1948）、朝鮮戦争勃発（1950）後は逃亡を続け国民の不興を買う。四選を狙った選挙での不正が原因となり「4・19革命」が起き、国外へ亡命。
尹潽善 ユン・ボソン	1960 ～1962年	李承晩失脚後、大統領に選出されるが1961年に「5・16軍事クーデター」が発生、軍からは大統領留任を要請されたが、翌年3月軍政に抗議して辞任。
朴正煕 パク・チョンヒ	1963 ～1979年	民政に移行した後も大統領に留任した軍人大統領。日韓基本条約の批准（1965）など、現実路線で高度経済成長を実現。在任中に暗殺された。朴槿恵は次女。
崔圭夏 チェ・ギュハ	1979 ～1980年	就任直後に全斗煥らによる粛軍クーデターが発生。それに抗議する民衆蜂起「光州事件」もあり対応に追われた。在任期間約8カ月は歴代最短。
全斗煥 チョン・ドゥファン	1980 ～1988年	ソウル五輪決定（1981）、ラングーン事件、大韓航空機爆破事件（ともに1987）など。退任後、不正蓄財と弾圧の罪で投獄・罰金刑（死刑は特赦）。
盧泰愚 ノ・テウ	1988 ～1993年	ソウル五輪（1988）、湾岸戦争参戦、国連加盟（1991）。全斗煥の罪を追及したが、自身も不正蓄財と弾圧の罪で投獄。罰金刑と懲役12年が確定（1997年に特赦）。
金泳三 キム・ヨンサム	1993 ～1998年	長らく野党として活動。経済失政によりIMFに救済金融を要請する事態になる（1997）。次男が斡旋収賄と脱税で逮捕されたが（1997）、1999年に特赦。
金大中 キム・デジュン	1998 ～2003年	小渕総理と「日韓共同宣言」を発表（1998）、南北首脳会談実現（2000）、日韓ワールドカップ（2002）。死去の際には国葬が営まれた（2009）。
盧武鉉 ノ・ムヒョン	2003 ～2008年	第2回南北首脳会談（2007）。退任後、兄が斡旋収賄で逮捕。妻も1億円超の収賄で検察の調査を受け、さらに自身にも収賄容疑が向き2009年5月に投身自殺。
李明博 イ・ミョンバク	2008 ～2013年	韓国哨戒艦沈没事件・延坪島砲撃事件（ともに2010）など。リーマンショック（2008）で得意の経済でも苦戦した。退任後の2018年に収賄・横領で逮捕・起訴。
朴槿恵 パク・クネ	2013 ～2017年	セウォル号沈没事故（2014）への対応が悪く支持率急落。知人の祈祷師が国政に介入するのを許したと弾劾訴追され罷免。のち収賄で逮捕・起訴。
文在寅 ムン・ジェイン	2017年～	2018年4月、北朝鮮の金正恩と板門店で南北首脳会談を実施し、恒久的な和平に向けた「板門店宣言」を共同で発表。

第三章

古代でも韓国のお世話になんてなっていない

韓国・朝鮮史の始まりは新羅か高句麗か檀君か

韓国・朝鮮という国は、そのルーツが何で、そしていつから存在するのかということについて、南北朝鮮の双方が競争して、どんどん古くから存在していたと言うようになりました。固有の領土とも言うべき領域も広くなっていって、そのエスカレートぶりはとどまるところを知りません。

普通に考えると、韓国・朝鮮の成立は、7世紀から8世紀にかけての「新羅」による「三国統一」から始まるわけで、これが伝統的な歴史観です。ところが、いつのまにか、4000年前に「檀君《だんくん》」によって建国されたと言い出して、教科書でも大真面目に書いてあります。

また、新羅・百済・高句麗という三国のうち統一の母体となったのは新羅です。しかし、新羅は三国の中でもっとも弱小国でした。それが嫌で4世紀から7世紀にかけて中国や日本と覇を競った北東アジアの大国「高句麗」をルーツにするという意識が一般的になってきています。

さらに、最近では7世紀から10世紀にかけて満洲で栄えた「渤海《ぼっかい》」も朝鮮民族の国だという新説が登場して主流となり、韓国では新羅・渤海の「南北時代」という呼び名まで発明されました。

一方、北朝鮮では、5000年前に築造された檀君の墓なるものを発見したとして、もともと法螺話なのをさらに1000年も一挙に伸ばしました。

日本という国は、神武天皇によって大和の畝傍山の麓で紀元前660年2月11日に建国されたというのが建前です。

ただし、『日本書紀』や『古事記』でも、皇室の先祖が大和の国の小さな地域を支配するクニの王者になったということが書いてあるだけで、本当の意味で日本国家と言うべきものがこの時点で成立したわけでありません。狼に育てられた孤児ロムルスによるローマ建国みたいな位置づけです。

私は、『日本書紀』に記述されている系図や出来事は、王者たちの異常に長い寿命を補正し、文学的粉飾を除けば、だいたい正しいという立場で、『本当は謎がない古代史』（ソフトバンク新書）という本でこれを主張しました。

そして、具体的に中国の史書などとも矛盾がないように調整すると、天皇家の大和定着は1世紀頃。大和を統一したのは3世紀の後半で、卑弥呼が生きた時代より1世代くらいあと、統一国家になったのは4世紀前半の終わり頃と見ています。

このあたりについては、『最終解答　日本古代史』（PHP文庫）や『日本と世界がわかる　最強の日本史』（扶桑社新書）で細かく書いていますから、興味のある方は参考にしてください。

ただ、日本の国のルーツが2600年余り前に誕生したことは、8世紀の前半に成立した正史である『日本書紀』にすでにきちんと書いてあり、明治になって国威発揚のために突然言い出したのではありません。

一方、「中国4000年」というのが何かと言うと、紀元前1世紀に書かれた司馬遷の『史記』で確立されたものです。『史記』には、ユンケルの栄養ドリンクで有名な黄帝による建国やそれにつづく五帝の時代の記述があります。

そのあたりは、神話っぽい書き方ですが、『史記』には、それにつづく時代に、最初の世襲王朝として夏《か》の国があったと書かれています。実年代の記載はないのですが、中国政府が日蝕や彗星の記録などから推定をしており、夏が実在したとするなら、漢民族の国家には確かに4000年以上、夏は実在せずに、殷《いん》からとしても4000年足らずの歴史があるということになり、一応の根拠があります。

ただし、最近の中国政府はエジプトあたりに対抗したいのか、「中国は建国から5000年」と水増ししています。

それに対して、檀君の物語は、12世紀に成立した正史である『三国史記』には登場せず、13世紀に民間伝承を集めた『三国遺事』に載っているだけです。

それを19世紀あたりになって、日本や中国に対抗するために公式に主張され始めた新しいものですから、『史記』や『日本書紀』の伝承と同格に扱うべきものではありません。

いずれにしろ、日本の建国の日を史実としての裏付けがないと批判する偽リベラル学者たちが、なぜこうした南北朝鮮の戯言を笑わないのか不思議です。

韓国・朝鮮史の時代区分はこうだ！

しかし、そのあたりはとりあえず横に置いて、朝鮮半島の政治史の枠組みを、ニュートラルに描くと、だいたい以下のような流れになっています。

①伝説上の建国

４０００年前に遼東から半島北西部にかけて「檀君朝鮮」があったという〝伝説〟があります。高麗時代の『三国遺事』に書かれているものです。

②古《こ》朝鮮

紀元前12世紀、古代中国の「殷」の残党が今の遼寧省から北朝鮮あたりに「箕子《きし》朝鮮」を建国したと言われていますが、今のところそれは立証されていません。

しかし、中国の戦国時代から前漢の頃に北京付近にあった「燕《えん》」の一部勢力が「衛《えい》氏《し》朝鮮」を建国したというのは事実のようです。これらを「古朝鮮」といいます。いずれも漢民族の国でした。

③漢帝国の領土に吸収

衛氏朝鮮は前漢帝国に併合されてしまい、三国時代までは北部と中部は、漢やその後継の魏や晋の領土である「楽浪郡」などとなり、ソウル付近より南の「韓」という地域は「馬韓《ばかん》」「弁韓《べんかん》」「辰韓《しんかん》」に分かれ小国が乱立していました。

民族はさまざまであったようで、そう考えると「朝鮮」と「韓」は場所も民族も互いに関係ないことになります。

④高句麗と日本の対立

4世紀には楽浪郡などが滅びて満州の「高句麗」が朝鮮北部に進出してきます。南部は小国分裂でしたが、馬韓では「百済」が、辰韓では「新羅」が成長してきました。現在の南北朝鮮のルーツである新羅は慶尚北道の小国として出発。初代の国王は「卵から生まれた孤児」とされ、第4代の国王は日本人であるとされています。

一方、日本列島では大和朝廷による国家統一が成功して半島にも進出し、高句麗と半島南部の支配をめぐって対立します。慶尚南道の西部や全羅南道東部を中心とした地域では日本の影響がより直接的で、これを日本は「任那」(本来は慶尚南道南東部のことを指していたが拡大して呼ばれていた)と呼んでいました。

⑤三国時代

任那は6世紀に新羅によって滅ぼされました。しかし、日本は平安時代までは、少なくとも潜在主権を主張し続けます。また、高句麗は首都を平壌に移しました。この頃を新羅、百済、高句麗の「三国時代」といいます。

⑥新羅と渤海

7世紀に「唐」が百済、高句麗を滅ぼして故地（かつて所有した土地）を併合しました。しかし、のちに百済全域と平壌以南の高句麗南部を新羅が奪取し、唐に追認されました。ただし、その代償として新羅は唐に対して完全に従属的な立場に置かれます。つまり、属国となる代わりに、領土を確保したわけです。

また、満洲から現在の北朝鮮北部にかけて、高句麗の残党や満洲族の先祖などが「渤海」を建国しました。

⑦高麗時代

10世紀に新羅が衰退して、後高句麗と後百済の三国時代になり、やがて、後高句麗

日中韓4000年の歴史

	中国歴代王朝	日本と中国の関係	朝鮮半島の歴史	
BC2224	夏	伝説上の建国(BC2600)	BC2333	檀君の建国
BC1766	殷(商)	呉の太伯江南へ移る		
BC1122	西周		BC1100頃	箕子朝鮮建国
BC771-770	東周	大陸から弥生人が渡来		
BC256-251	秦	徐福伝説		
BC207-206	前漢	倭国と漢の交流始まる	BC194	衛氏朝鮮建国
			BC108	楽浪郡設立
			BC57	新羅建国
			BC37	高句麗建国
			BC18	百済建国
8	新			
23-25	後漢	奴国王が金印を授かる		
220	三国	邪馬台国が使節を送る		
265	西晋			
316	南北朝	大和朝廷の統一と朝鮮進出	313	楽浪郡滅亡
		倭五王が南朝に使節を送る	340	神功皇后の三韓征伐
			414	好太王碑建立
			427	高句麗平城遷都
			512	任那四県の割譲
			562	任那滅亡
589	隋	遣隋使として小野妹子が長安に	612	高句麗が隋を撃退
618	唐	遣唐使が派遣され交流盛んに	660	唐が百済併合
			662	白村江の戦い
			668	唐が高句麗併合
			676	新羅が領土拡張
			698	渤海建国
			901	三国時代の始まり
907	五代十国		918	王権が高麗建国
			926	渤海滅亡
			935	新羅滅亡
			936	高麗全土統一
960	北宋			
1127	南宋		1145	『三国史記』編纂
		平清盛が南宋と貿易	1259	元に降伏
		弘安の役	1274	文永の役
1276	元	文永の役	1281	弘安の役
1368	明	足利将軍が遣明船を出す 倭寇 秀吉大陸遠征	1389	応永の外寇
			1392	朝鮮王国
1644	清	日清戦争	1897	大韓帝国
			1910	日韓併合
1912	中華民国	日中戦争		
1949	中華人民共和国	＊1971年まで国連代表権維持	1945	終戦

を継承した「高麗」が統一します。一方、渤海は「契丹《きったん》（遼）」に征服されました。高麗は「元」に攻められ、その保護国のような立場になります。そして元と高麗の連合軍は日本を侵略しようとして「文永・弘安の役」を起こしましたが、日本の激しい抵抗に遭い撃退されました。

⑧李氏朝鮮時代

14世紀に元が撤退し、「李氏朝鮮」が成立、現在の南北朝鮮の領土を支配するようになります。しかし、朝鮮王国は「明」、次いで「清」の厳しい冊封《さくほう》関係（君臣関係）に組み込まれます。特に１６３６年には、まだ中国本土を攻略する前の大清帝国軍に攻め込まれて、国王は皇帝に三跪九叩頭させられ従属国家となりました。

⑨日韓併合時代

近代になり、冊封関係を近代国際法の下でどう位置づけるかをめぐって日本と清が対立。日清戦争の結果、朝鮮王国は１８９７年に冊封関係から独立して「大韓帝国」になります。そして、１９１０年に日韓併合が行われました。

これを「植民地支配」と言うべきかどうかは言葉の定義の問題ですが、イギリスの植民地だったインドなどとは性格が違うものです。韓国では1918年に上海で大韓民国臨時政府が樹立されたと主張しますが、国際的に認められた存在ではありません。

⑩南北分断時代

第二次世界大戦における日本の敗戦の結果、日本による併合は終わります。しかし、1948年に「大韓民国」と「朝鮮民主主義人民共和国」がそれぞれ成立して分断状態となり、「朝鮮戦争」を経て現在に至っています。

民族、人種、言語 ——それぞれどういう意味を持つのか

古代史は激しい議論が過熱してしまい、すぐに汚い言葉や人格攻撃に至りがちです。特に「日本人はどこから来たか」といった議論をすると、冷静な議論などまったく期待できません。

特に「日本人の先祖のほとんどは縄文人だ」という保守系の人たちと、「天皇家など日本の支配層は半島人だ」という〝偽リベラル〟系の人たちは、いずれもあまり根拠はないのに、自説に固執します。

後者には小沢一郎なども含まれていて、韓国での講演で「天皇家は半島から来た」という意味のことをリップサービスしたこともありますが、大政治家としてはあるまじき妄言だと思います。

私は、日本人の主流は「縄文人でも半島系でもなく中国の江南地方から来た稲作農民だ」という説を唱えていますが、これは日本人の独自性を信じたい保守派からも、朝鮮に媚びたい偽リベラル系の人にも評判が悪いようです。

〝民族とは何であるか〟については、しばしば誤解があります。しかし、基本的には言語集団です。「ユダヤ人」のように宗教を基本にすることもありますが、それは特殊です。

ただ、世間の多くの人は、民族を「DNAで分類される人種の集団」だと思っているようです。しかし、パレスチナ人とユダヤ人でもイスラエルの土地に古代からとどまったままの人たちは、DNAレベルで見ると高い類似性が認められる一方、世界のユダヤ人の主流である東欧系のユダヤ人は本来のユダヤ民族とはまったく無関係と言われています。

日本人もかつては「単一民族」などと言われていましたが、外国人からは、日本人の肌の色や体型、容貌が実に多様であると言われます。つまり、DNAで分類できる「人種」と、共通の言語集団である「民族」は、必ずしも一致しないのです。

言語と人種は一致しないというと怪訝《けげん》な顔をする人もいますが、移民によって人種構成が根本的に変化しても（＝DNA的に入れ替わりがあったとしても）、流入のスピードがゆっくりだと先住民の言語が引き継がれるからです。つまり、縄文人が話していた言葉を、のちから入ってきた異人種の弥生人が話すようになってもなんの不思議もないのです。

例えば、アルゼンチンはスペイン系よりイタリア系のほうが多いと言われますが、スペイン語を話しています。それは、もともとスペイン植民地だったこの地に、あとからイタリア人が何世代にもわたって少しずつ移民してきたからです。

アメリカにおいても、中西部ではドイツ系が多数派なのですが、英語しか話しませんし、名前もシュミットさんがスミスさんになったりしています。

実はよくわからない朝鮮半島の人たちのルーツ

「韓国人はどこから来たのか」「韓国語と日本語の関係は」という問題を考える時に知っておかなければならないのは、上記のように、①支配層の人種、②庶民の人種、③言語のそれぞれのルーツは無関係だということです。そして、結論から言うと以下のようなことになります。

①支配層の人種

コリアン国家のルーツである新羅の支配層がどこから来たかはさまざまな伝承があって不明です。ただ、新羅の王族である朴氏・昔《ソク》氏・金氏の3始祖のうち、昔氏が日本の但馬か丹後あたりの出身であることは明白です。

高句麗と百済の王家はツングース系の扶余族です。李氏朝鮮の王家は全羅北道の全州がルーツと称していますが、女真（満州）族の支配地域に長く住んでいましたから、その支配層は混血している可能性が大です。

②庶民の人種

半島には古代から満洲・シベリア方面、中国、さらに日本を含む南方から来たさまざまな人々が入り交じっていたようです。その割合がそれぞれの時代にどのくらいなのかはまったく不明ですが、容姿などから見れば日本人などより北方的要素が強いようです。シベリアのバイカル湖に近いところに住むエヴェンギ人というのが、非常に韓国人に近い存在だと言われることもあります。

③言語

現代の韓国語はアルタイ語系に近いもので新羅語が元になっていると推定されています。『魏志東夷伝』には新羅の人はもともと「秦」の人で言葉も中国北西部に似ていると書かれていますが、これをどう解釈するか、説得力のある説明はありません。同じく任那の中心地である弁韓の言葉は新羅語に、馬韓の百済語は高句麗語に近いと書いてあります。

つまるところ、コリアンのルーツについてはよくわからないと言うしかありません。

日本人でも韓国・朝鮮人でも、その先祖はさまざまな民族が混血しているのです。

ただ、日本人であるなら縄文人と弥生人という大きな差異がある2集団からなるということで議論がしやすいのですが、韓国人の場合には、弥生人と同じ「新モンゴロイド」という集団の中での細かい差が問題なので、議論は複雑になります。

また、日本とは違って大陸と陸つづきで、絶えず人々の流入、離散があったので、日本人の成り立ちのように、いつ頃の大量流入の結果として人種構成が変化したと言いにくいのもややこしいところです。

また、済州島の人たちは、韓国・朝鮮人とは別系統で、縄文人に近い可能性があります。

日本語は韓国・朝鮮語から分かれたわけではない

「古代韓国語で万葉集は解ける」という奇説を唱える人もいますが、古代の半島の言語がどんなものだったかもわかっていないのに、どうしてそんなことが言えるのか不思議です。

現代韓国語でというならわからなくもないですが、それなら逆に「万葉集の日本語で現代韓国語が解ける」と言うべきでしょう。

日本の場合は奈良時代頃でも万葉仮名で文章が書かれているのが残っていますが、15世紀のハングル発明（１４４６年）以前の朝鮮語については、高句麗語と百済語は歴史書などにおける地名や人名の漢字表記などから若干の手がかりが抽出できる程度しか判明していません。

「万葉集などの古代日本語が百済の言葉に似ている」という話は、そもそも百済語がどんなものだったかほとんど何もわからないのですから、もはやお笑いでしかありません。

ただ、日本語や百済語は母音で終わり、新羅語は子音で終わるという違いがあるようです。日本人で百済の宮廷の高官だった人もいますし、百済語と日本語が現代の日本語と韓国語よりは互いに似ていた可能性はどうやら高そうです。

新羅語については、25首の郷歌が残されている『郷札《きょうさつ》』、行政文書として漢文単語を新羅語の語順に並べて若干の万葉仮名的補足を加えた『吏読《りとう》』でぼんやり推定できて朝鮮語と同系統であることくらいは確定できます。

「韓国語と日本語は数千年前に共通の先祖を持つ」と言われますが、韓国語を生み出した人たちがどんな人たちだったのかまったく見当はついていません。現代の朝鮮語の直接の先祖は新羅語らしいですが、新羅は伝説においても紀元前後にできたミニ国家が始まりに過ぎず、それなりの勢力になったのは4世紀以降です。

新羅を含む辰韓（馬韓、弁韓と並ぶ三韓のひとつの部族）の共通語があったのかも不明ですし、その辰韓の人が5000年前にどこにいたかなどわかりません。したがって、日本語と韓国語が分かれたのが満洲でなのか半島でなのか、あるいは日本でなのかすら不明です。

また、その後の高麗も李氏朝鮮も、今の北朝鮮と満洲にまたがる地域が出自ですから、半島の住民構成はかなり北方的に変容して、現在に至っているはずです。

日本語は文法が韓国語に似てアルタイ語系に近いものですが、単語はあとの時代に入ってきた漢語などを除いてほとんど共通していません。

ひとつの仮説としては、アルタイ語系の言葉を話す商人たちによって交易のために縄文人が使うオーストロネシア系の単語をつなぎ合わせてできあがったのがルーツではないかというのが私の説です。

いずれにせよ、日本語と韓国語は共通のルーツを持っていそうですが、親子関係などでなく、兄弟や従兄弟といった関係だと言うべきです。

「漢字発明」という文明史からの視点でアジアを見る

中国人の先祖は、かつては「北京原人」がそうだと信じられてきました。北京原人は1929年、北京郊外にある周口店の洞窟から頭蓋骨が見つかったもので、50万年以上前のものだと推定されました。

しかし、現在では彼らの子孫は滅亡したと考えられています。現生人類は、数万年前にアフリカからアラビア半島に渡ってきて、現代の中国人は3万年ほど前に中国からシベリアにまで広がった集団の子孫だとされています。

中国語は、言語学の立場から言えば、タイ語やチベット語と同じ系統に属す南方的な言語です。中国の建国神話はタイなどに似ていますが、北方の周辺民族が流入し、あるいは、支配者になって、そのうちに自分たちの言葉を失って漢民族に吸収されることを繰り返してきましたから、現代の中国にいる漢族のDNAは漢や唐の時代の漢民族とはかなり組成が違うはずです。

漢字を発明したのは黄河文明の人々です。それ以前に萌芽はありますが、確かなところでは、4000年足らず前の「殷」の時代の甲骨文字が現存しています。

そして、殷の次で紀元前1122年に建国された「周」の時代になって複雑な文章が書かれるようになりました。

この周の時代の後期は「春秋戦国」時代となりますが、この時代よりあとになって、江南地方の人たちが稲作技術を携え山東半島から朝鮮半島の沿岸経由で日本列島にやってきており、これが弥生人の本流だと考えられます。

ただし、一度の大規模な民族移動だとか征服ではなかったので、彼らは縄文人たちの言語を使うようになったと思われます。移民も2世くらいになれば移民先の言葉を使うようになるのと同じです。在日の華僑でも朝鮮人でもそんなところです。

さて、漢字の話に戻ります。東アジアは「漢字文化圏」だと思っている人は多いことでしょう。しかし歴史的に見れば、モンゴル、満洲、突厥（トルコ）、鮮卑、契丹などは独自の文字を発明し、北方的な文法を持つ自分たちの言語を書き言葉にしてきました。

その文字の起源は、なんとイエス・キリストも話していたアラム語の文字（ルーツはフェニキア文字）にまでさかのぼります。これがペルシャ系のソグド族を経由して突厥文字（トルコ語の起源）が発明され、やがてモンゴル文字や満洲文字に発展していくことになります。

タイやチベットの人々は中国語と似た言葉を話しますが、文字はインドに由来する表音文字を使っています。

日本やベトナムは、漢字と独自の文字の混合で自分たちの言語を表現してきました。書き言葉としてほとんど中国語だけを使っていた朝鮮では、明治になって日本人の助けによりようやく漢字ハングル混じり文での書き言葉が成立しました。日本人が彼らの言葉を奪ったのでなく、創ってあげたのです。

現代の中国語は日本からの外来語だらけだ

日本にいつ漢字が伝来したかと言うと、中国からの渡来民は古くからいたので、早い時期から伝わっていたはずです。ただし、それを使用する社会ではなかったので、渡来人も世代が代わると忘れていったと思われます。

大和朝廷が成立し、大陸との交流も盛んになると文字の需要が生じて、応神天皇などの時代である4世紀頃から限定的に使用が始まりましたが、この頃は漢人系の渡来人にほとんど必要な文書作成を任せていました。

そして、7世紀の聖徳太子の頃から日本人にも読み書きが普及し始め、それが普及したところで律令制が成立したのです。支配層の人間がそれなりに読み書きできないと律令制は機能しません。

遣唐使の時代には怒濤のように中国文明が入ってきましたが、やがて遣唐使の派遣も帰化人の渡来もなくなり、漢字文化も日本独自の発展をするようになります。その結果として、古い漢や唐の時代の中国語の読み方などがむしろ日本のほうに残っているわけです。呉音が漢代、漢音が唐代の読み方です。

近代になると、西洋文明については、アジアでは日本がまず先に高度な受容を行い、中国やほかの諸国は日本から間接的に文化、文明を輸入することになります。それは、例えば「中華人民共和国」という国名のうち、「人民」と「共和国」が和製漢語であることに象徴的に示されています。

日本語は、文明開化の時代に欧米の考え方を翻訳するのに向いた形にするためにかなり変質し、同時に膨大な和製漢語を創り出しました。

中国は「中体西用」といって、当初は文明開化を拒否して、実用的なものだけを採り入れようとしました。そのため文明開化の流れに遅れ、日清戦争ののちに日本に膨大な留学生を送って、日本化された西洋文明をようやく採り入れました。

そうしたことから、単語にとどまらず、言語そのものが大きな変質を遂げることになります。それは、日本で学んだ魯迅《ロジン》が言語改良運動のリーダーだったことに象徴されています。

この動きは、文語体を捨てて、口語文を使用して言文一致を目指す「文学革命」につながっていきますが、そこで成立した白話と呼ばれる口語体は、かなり日本語に影響されたものといいます。

朝鮮語については、それを書き言葉にするというのは、15世紀にハングルが発明されるまでほとんど試みられませんでした。また、漢族がかなり西海岸には住んでいて、彼らが宮廷での漢文を読み書きする担い手でした。

日本と中国の関係はイギリスとヨーロッパに似ているかもしれません。英語は大陸諸国から大きな影響を受けており、英語の単語の6割以上がフランス語由来です。

しかし、だからといって、アングロサクソンの文化が下位にあるわけではありません。大陸文明を独自に発展させたり、大陸では失われた中世的な伝統や、ヨーロッパの先住民であるケルトの文化をより濃厚に残している面もあります。また、英語からフランス語やドイツ語への語彙の輸出も増えています。

そうした意味では、イギリスが大陸諸国の衛星国とは言えないのと同じように、文化的な意味において、日本を中国の衛星国などと見るのはおかしなことです。

私は、日本人やその文明の独自性を過度に強調するのにも、逆に中国文明の一部のように理解するのにも反対です。

日本人の先祖の大半は、孔子が活躍していた頃には現在の中国にいた可能性も高いのです。そうした共通のルーツを持ちながらも、中国は北方民族の影響を、日本は列島土着の縄文人たちの影響を受けて互いに変容したと位置づけるべきです。

韓国人については、その成立経緯はよくわかりませんが、多様なルーツを持っているはずです。ただ、高麗や李氏朝鮮はそれぞれ数百年の安定した支配を続けていましたから、そのもとで、ひとつの民族らしくなっていったと言うべきでしょう。

突拍子もないように聞こえるかもしれませんが、日本語、韓国語、中国語のいずれを取っても、その言語を生み出した人たちの人種と、現在の日本人、韓国人、中国人はまったくと言っていいほど違っていると私は思います。

百済の後継国家は、韓国ではなくなんと日本!?

「日本と、朝鮮半島の歴史は、そもそも、大和朝廷・天皇一族が朝鮮から来たところから始まって、2000年以上続いている」

そうブログに書いたのは、漫画『美味しんぼ』(小学館)の作者である雁屋哲氏です（「雁屋哲の美味しんぼ日記」２００９年11月16日）。日本という国と皇室についての根拠のない仮説を、そういう可能性もあるという程度ならともかく、間違いのない史実のように主張する有名人もたくさんいます。

しかし、『日本書紀』などには「大和の領主が日本を統一した」とあり、それを否定する説得力ある根拠は何もありません。

もちろん、その先祖が天から降《くだ》ってきたというのは神話ですから、その遠い先はどこかから日本列島にやってきたのでしょうが、はるかなる歴史のかなたの話です。おそらく、皇室の人たちの記憶にもなかったのだろうと思います。

半島の王様が日本を征服したといった話は伝説にもなければ、考古学的な裏付けもなく、戦後になって出てきた当てずっぽうの思いつきに過ぎません。

ＦＩＦＡワールドカップ日韓大会の折に天皇陛下がおっしゃった、「桓武天皇の母が百済の王の血を引くと史書にある」という話を、韓国人は悪意を持って皇室が百済王家から分かれたものであるというような話にねじ曲げたがりますし、そういうデマに騙される日本人もいます。

しかし、『続日本紀』という正史に書いてあるのは、百済王の子孫が帰化して下級

高句麗、百済の王家の系図

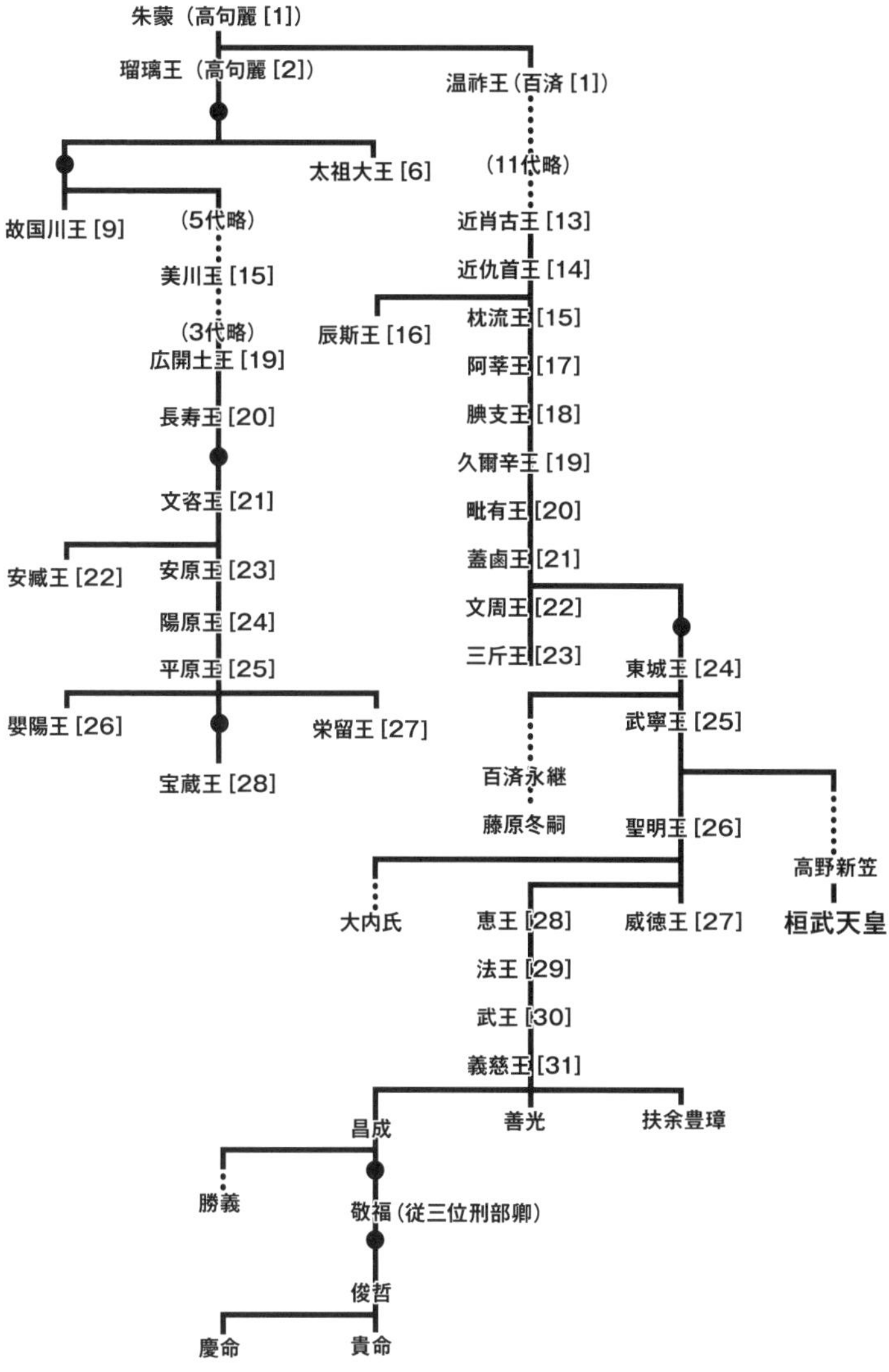

官吏として暮らし、その娘が、天智天皇の孫とはいえ皇位から遠く離れた傍系の王子の側室になり、産んだ子どもが道鏡事件などいろいろな経緯ののちにたまたま天皇になったというだけです。むしろ、百済王家の一族でも官位もない下級官吏にしかなれなかったことに注目すべきでしょう。

百済王家のご本家の当主、つまり百済再興の時に王となるべき人物でも、鎮守府将軍陸奥守といった中級貴族扱いだったのが日本と百済の関係なのです。

ただし、百済滅亡後、王家も含めて多くの人が日本に亡命しました。そして、日本の皇室が桓武天皇の母だけでなく、藤原冬嗣の母である百済永継なども通じて、百済王家のDNAを受け継いでいるのも確かでしょうから、逆に百済と韓国は無関係で、日本こそが百済の継承国家だといっても荒唐無稽ではないのかもしれません。

あとで書くように、中国は高句麗（それにそこまで明確ではありませんが百済も）の継承国家は自分たちだと言っているのですから、日本だってそのくらい言ってもいいのです。

郵便はがき

お手数ですが
切手を
お貼りください

150-8482

東京都渋谷区恵比寿4-4-9
えびす大黒ビル
ワニブックス 書籍編集部

お買い求めいただいた本のタイトル

本書をお買い上げいただきまして、誠にありがとうございます。
本アンケートにお答えいただけたら幸いです。
ご返信いただいた方の中から、
抽選で毎月5名様に図書カード(1000円分)をプレゼントします。

ご住所 〒

TEL(- -)

(ふりがな)
お名前

ご職業

年齢 歳

性別 男・女

いただいたご感想を、新聞広告などに匿名で
使用してもよろしいですか? (はい・いいえ)

※ご記入いただいた「個人情報」は、許可なく他の目的で使用することはありません。
※いただいたご感想は、一部内容を改変させていただく可能性があります。

●この本をどこでお知りになりましたか?(複数回答可)

1.書店で実物を見て　　2.知人にすすめられて
3.テレビで観た(番組名:　　)
4.ラジオで聴いた(番組名:　　)
5.新聞・雑誌の書評や記事(紙・誌名:　　)
6.インターネットで(具体的に:　　)
7.新聞広告(　　新聞)　　8.その他(　　)

●購入された動機は何ですか?(複数回答可)

1.タイトルにひかれた　　2.テーマに興味をもった
3.装丁・デザインにひかれた　　4.広告や書評にひかれた
5.その他(　　)

●この本で特に良かったページはありますか?

●最近気になる人や話題はありますか?

●この本についてのご意見・ご感想をお書きください。

以上となります。ご協力ありがとうございました。

古代の半島南部より日本列島のほうが先進地域だった

そもそも、これもよく誤解されていますが、半島が先進地域で、日本が後進地域だったわけではありません。稲作は中国江南地方から半島沿岸を伝ってやってきた人々が日本に伝えたもので、半島のほうで稲作が先に定着したわけではないのです。だいたい、現代の韓国の領土は緯度も気候も、北関東から宮城県あたりに相当しますが、これらの地域に稲作が本格普及したのは、九州や畿内よりだいぶあとのことですし、半島でも、散発的にはともかく、本格的な稲作の進展は日本よりあととしか考えられません。

弥生時代にあって、半島でも平壌やソウルの周辺は漢や魏の領土でしたから開けていました。しかし、半島南部や日本海側の北東部などそれ以外の地域はまったくの未開地でした。

『魏志東夷伝』にも、半島南部は「ただ囚徒・奴婢の相聚まれるがごとし」とされており、日本列島が「その風俗は淫らならず」とされているのとだいぶ差があったようです。また、後漢から奴国王並みに扱われたり、魏から卑弥呼並みに遇されたとかいう王者もいませんでした。

卑弥呼が活躍していたのは3世紀ですが、私は邪馬台国はほとんど確定的に九州ないしその周辺にあったと考えています。邪馬台国が畿内にあったというのは、中国と交流していた卑弥呼の時代に、畿内にそれより栄えた国があったというのでは、中国に失礼だろうという先入観の産物です。

一方、邪馬台国が九州ないしそれに近い地域だったなら、邪馬台国は3世紀後半に滅び、それと同じ頃に、畿内では大和朝廷の崇神天皇による本州中央部統一国家の覇権が進んだというごく自然な流れになりますが、畿内説では説得力ある流れが組み建てられません。私は政治・外交の専門家として九州説を支持します。

『三国史記』を見ると、3世紀からすでに「倭人」の断続的な半島への侵攻は始まっていますが、これは九州の土着勢力によるものでしょう。

そして、4世紀の半ば頃になると、日本側で神功皇太后の三韓征伐と呼んでいる統一国家による半島経営が始まります。

これを侵略と呼びたい人もいるでしょうが、その当時、「朝鮮民族」とか「韓国・

朝鮮国家」といった概念はなかったわけで、高句麗が南下したり、新羅や百済が領土を広げるのと同じ立場で、日本は領土を取ったり、半島の国々を支配下に置いたりしただけです。もし、これを侵略というなら、高句麗の南下はもちろん、新羅や百済の成長も侵略です。

このあたりの『日本書紀』の記述はやや具体性を欠いていますが、石上神宮には『日本書紀』に百済王から神功皇太后に献上された記事がある369年製作の七支刀が残っていますし、鴨緑江に面した中国吉林省集安市には、414年に建立された好太王碑があります。

亡き国王（在位391―412）の功績を記したもので、日本が百済や新羅を臣従させたりしたので激しく戦ったことが書かれていますから、半島の支配をめぐって、日本と高句麗がライバルで、百済や新羅より優位な力を持っていたことを証明しています。

日本では3世紀に大和朝廷とか邪馬台国といった有力国家が広域支配を実現し、4世紀に統一国家になって海外進出したわけですが、百済や新羅の発展はそれより、少なくとも1世紀遅れです。高句麗は日本と同等のスピードで発展していたと言えますが、高句麗の本拠は満洲ですし、半島の国として扱うのは無理があって、半島の支配を日本と争った国と位置づけるべきです。

それ以降も、現代に至るまで、日本と半島国家の歴史的発展段階には、それなりの差が常にありました。もっとも、その差は、急速に縮まることがあります。6世紀あたりの百済の発展がそうですし、現代の韓国の発展がまさにそうです。ただ、**半島の国のほうが先進的な国であったことなど歴史上で一度もありません**。

なお、「伽耶地方では鉄を産出することから、そちらのほうが軍事的な優位を持ったはずで、日本人が半島を支配できるはずがない」という珍説もあります。しかし、鉄の産地がただちに軍事的優位を占めるなどという法則は世界史に存在しません。

例えば、中国の戦国時代ではもっぱら青銅製の武器を作った秦が、鉄の産地である燕などを圧倒しました。また、半島の中で伽耶が百済や高句麗に軍事的な優位を持っていた形跡などありません。

日本で最も優れた鉄の産地は出雲（島根県東部）など中国山地ですが、どの時代にもこの地方の豪族や大名が天下を制覇したなどということはないでしょう。古代においても、出雲は大和に国譲りしています。

上海あたりから直接は日本に航海はできなかった

古代における東アジア諸国の交流や、大陸文明の日本への流入について議論していると、朝鮮経由の陸伝いに日本へやって来たと思っている人が多いようです。

その一方で、長江下流の江南地方（上海周辺）から東シナ海を横切ってやってきたという人もいます。それ以外にも、江南地方から沖縄経由だという人もいます。

しかし、そのような話のすべては、古代の交通の実態を知らない人の戯言に過ぎません。東シナ海の風波は高く、しかも風向きがころころ変わります。そのため、江南地方から沖縄、鹿児島、五島列島などへは、漂流はともかく普通の航海は難しかったのです。

現在、地図だけを見ていると最短距離で来れそうなものですが、現実としてはそれほど甘くはありません。

遣唐使は中期以降は、この危険な南路を使いましたが、それまでは、半島沿岸を北上して、山東半島に渡り、そこから長安に行っていました。ただ、新羅との関係が悪化したので、危険承知で直行するようにしただけです。

鑑真和上が最終的に来日に成功した時は、江南地方から沖縄を経由していますが、これは意図的ではなく、難破した結果です。

沖縄と中国の間を航行するのだって、幕末まで一貫して福建省ルートでした。宮古や八重山経由、ないしはその近くをおそるおそる通りながら沖縄に入ってきました。

ですから、近代の中国人の地理観として、琉球は福建省の先にありました。浙江省や江蘇省から東シナ海を横切る航海は常に危険が高いものでしたが、福建省からだとだいぶ安全でした。

それでも、航海に慣れていない中国人高官にとっては、比較的安全な福州航路ですら決死の思いだったようです。海が荒れると、あらかじめ用意した棺桶に入って銀の釘を打ち付けるように命じて、その棺桶が漂着した地で釘の銀を売って葬ってもらう準備までしていたといいます。

もちろん稲作が江南地方から沖縄にやってくるはずもありません。そういう説を柳田国男が提唱したこともありますが、ＤＮＡ鑑定で否定されています。

中国からの人の往来は、この山東半島から朝鮮沿岸を通って対馬海峡を渡るのが基本でした。稲作農民や南朝から日本へという場合には、江南地方からいったん東シナ海沿岸を北上してということになります。始皇帝の時代にやってきたという伝説がある徐福にしても船出は現在の青島の近くからでした。

このルートを私は朝鮮半島沿岸素通りルートと呼んでいます。もちろん、寄港あるいは一時滞在はあったかもしれませんが、まず、いったん定住したとか、定着してから航行したということは考えられません。

雄略天皇(倭王武)の語ったご先祖の話

長い歴史の中で、日本と中国が正式の外交関係と言えるものを結んでいたのは実はごくわずかな時期に過ぎません。その最初が、5世紀における、いわゆる「倭の五王」と中国南朝(最初は東晋で、あとは宋)との交流です。邪馬台国の外交は大和朝廷に引き継がれていないどころか記録にもありませんから、日本国家としての正式な外交とは言えません。

幸いにも、雄略天皇とみられる倭王武が送った上表文についての詳しい記述が『宋書』に残っていますので、仁徳天皇（異説もあります）から雄略天皇までの時期において、日本が朝鮮半島でどんな立場にあったかがよくわかります。特に詳細な内容が記述されている雄略天皇らしき倭王武の上表文を見ましょう。

雄略天皇は、「昔からわが祖先は、みずから甲冑をつけて山川を越え、安んじる日もなく、東は毛人を征すること五五国、西は衆夷を服すること六六国、北のほうの海を渡って平らげること九五国におよんでいます」と、大和朝廷が列島の中で東と西に同じくらいの地域を従えたとし、さらに朝鮮半島の半分以上を切り従えたという認識を示しています。

つまり、5世紀の雄略天皇は、大和朝廷がもとから畿内政権であって、九州からの東遷などしていないという認識を示しています。また、朝鮮半島においてなんの支配もしていないのなら中国の皇帝に相手にされませんから、そこそこの支配をしていたことは間違いないでしょう。

そして、「近年、高句麗が（ソウル付近まで）進出して暴虐を働くので、建康（現在の南京）まで安全に使いを派遣できないことになって困っています」といい、「もし皇帝の徳でこの高句麗をやっつけて平和になれば、引きつづき皇帝への礼を尽くしますと、皇帝に礼を尽くすことが条件つきであることを明言しています。

さらに、「開府儀同三司（3大臣クラス）」「使持節都督倭、新羅、任那、加羅、秦韓（辰韓）、慕韓（馬韓）六国諸軍事を自分で名乗っていますが、これを追認いただきたい」と上表しています。

中国南朝が公認していた日本の半島支配

ところが皇帝は、値切って「開府儀同三司」は認めず、また「諸軍事」の対象として百済を外して残りだけ認めます。この南朝の中途半端な外交判断の結果、雄略天皇は献使の意味がないと判断したのか、日本が南朝に使節を送ることは二度とありませんでした。今で言えば「国交断絶」です。

「開府儀同三司」は高句麗の長寿王にすでに認められており、同じ肩書を求めたものです。これも含めて、肩書が高句麗や百済に比べて低いので日本の国力が弱かったという議論につなげる人がいますが、それは宋にとっての脅威の大きさや重要性、交流の長さで決まるもので、実際の国力とは関係ありません。

北朝鮮の指導者が北京で韓国の大統領より上位の歓待を受けているからといって、北朝鮮の国力が韓国より上であるわけではありません。

南朝はすでに451年に倭王済（允恭天皇）に対して、「倭、百済、新羅、任那、加羅、秦韓、慕韓六国諸軍事」の肩書の要求に、百済を除いてこれを認めています。百済は慕韓の一部ですから、慕韓とその一部である百済を並べるのは「横浜と神奈川県のほかの地域」と言っているようなものです。

南朝と独自の国交を持っていた百済を外したことは、百済が支配していた忠清道北部以北については日本の宗主権を認めないものの、馬韓でも全羅道と、忠清道の一部については認めるということ。つまり、新羅、任那、加羅、秦韓にあたる慶尚道、全羅道、忠清道は日本の勢力圏として認めるという意味なのです。

すなわち、南朝の皇帝は少なくとも451年から502年（日本は使節を派遣しませんでしたが、南朝は肩書を一方的に更新）の間の半世紀は全羅道と慶尚道、忠清道に及ぶ地域を日本の勢力圏と認めていたわけです。

いずれにしても、4世紀から5世紀にかけての日本による半島支配に関して、詳細はともかく、『記紀』での日本側の記録、中国政府の承認、好太王碑という同時代の半島の記録と矛盾がほとんどない証拠が揃っているのに、日本の半島支配が幻だというのはひねくれ過ぎています。

なお、この倭の五王の遣使にかかる中国の正史の記述を、話題の百田尚樹『日本国紀』は信憑性がないと片付けていますが、大和朝廷の肉声の最古の記録で、『日本書紀』の信憑性を裏付ける最強の証拠なのに、どうして、そんな評価にしたのか謎です。

百済の王都・公州は雄略天皇が下賜した土地

倭王武の中国南朝への遣使は478年のことですが、これは、475年に高句麗が南下してソウル付近にあった百済の王都を占領した事態を受けたものです。日本は南朝の力を借りて高句麗を撃退しようとしたのですが上手くいかず、仕方なく、任那の一部だった熊津を百済に下賜して新しい都とさせたと『日本書紀』にあります。

百済はソウルの奪還を試みますが、上手くいかず、むしろ南に勢力を伸ばしたがり、継体天皇は現在の全羅道にあたる任那四県を割譲します（512年）。

雄略天皇は強力な大王でしたが、ライバルたちを次々に殺したので、天皇家は後継者にも事欠くようになり、ついには、遠縁で近江生まれ、越前育ちの継体天皇を大王として迎えるなど弱体化していたのです。

それに対して、百済は新天地で復興に成功していましたし、任那の東側では新羅も発展してきていました。そんな中で、日本は配下にあった諸侯を十分にグリップできなかったのです。

しかも、任那4県の百済への譲渡は任那地域の諸侯の不信感を惹起し、新羅につくものも多くなり、任那の伝統的な中心だった金官国も新羅に降ってしまいました（532年）。この頃百済王は、仏教を日本に伝えた聖明王で、任那復興のために努力はしてくれましたが、新羅の勢力拡大に力が及ばず、聖明王自身が戦死してしまいます。

それでも、百済と新羅にはさまれた地域は、大伽耶国を中心にあいかわらず日本の支配下にありましたが、欽明天皇の562年にいたって、ついに、新羅に併合されてしまいました。

しかし、日本はその回復を諦めたわけでなく、欽明天皇の子である推古天皇の時には国内の政争が収まったことを受けて派兵もしています。また、だいぶあとのことですが、762年には、恵美押勝が唐における「安史の乱」を機に、任那復興を狙って渤海と結んで新羅征伐を企てましたが、道鏡事件で失脚して実現しませんでした。

新羅には税の納付というべき「任那の調」を要求し続け、実際に、新羅も断続的であるものの、その正当性を認めて払い続け、それは光仁天皇の779年まで続いています。奈良時代の末期です。また、新羅自身も、日本に対する朝貢を、この779年まで断続的ながら続けています。

これを「新羅侵略計画」などと言う人もいますが、「日本固有の領土でありながら新羅に侵略された任那の奪還と唐と新羅に侵略され滅ぼされた友好国・百済の回復」を図ることを侵略と言われては立つ瀬がありません。

繰り返しになりますが、コリアン統一国家というコンセプトは、新羅の統一から時間をかけて徐々に形成されたものに過ぎません。

新羅は唐と組んで日本と対立したのですが、唐の言うがままになるのも嫌なので、日本には対等のように虚勢を張ったかと思うと、従属国であることを認めたり、めまぐるしく態度を変化させました。

しかし、日本は徐々に大陸との交流に関心を失い、遣唐使の派遣も9世紀になってからは、延暦と承和の二度だけで、ついには、それも休止し（894年）、唐（906年）、渤海（926年）、新羅（935年）が滅亡してチャンス到来になっても行動を取りませんでした。

ひとつには、大陸から学ぶべきものがなくなったこともありますし、唐の軍事的脅威がなくなると大規模な常備軍を持つ必要がなくなり、かえって軍事行動を起こすに起こせなくなったこともありますし、東北地方の開発のほうが実際的だという判断が出てきたとも言えると思います。

新羅は中国の属国となることと引き替えに半島を統一した

檀君は伝説ですが、紀元前に箕子朝鮮とか衛氏朝鮮という国があり、古朝鮮と言います。しかし、これはいずれも漢族の建てた国で、コリアン国家のルーツというのはおかしいと中国は考えていますし、客観的に見てもそうです。

また、平壌付近にあった楽浪郡などを滅ぼした高句麗は、満洲を本拠とした中国の少数民族の国だったと位置づけています。百済についても高句麗の分家みたいなものですから同様です。

特に高句麗については、北朝鮮が平壌にある高句麗時代の王墳を世界遺産に登録しようとしたら、それは「中国が主導権を取ってすべきものだ」と中国が言い出して、南北朝鮮がいずれも激怒する事態になりましたが、結局、中国国内の高句麗遺産も同時に登録することで玉虫色の解決になりました。

さて、任那が滅びたあと、半島南部には新羅と百済、半島北部から満洲にかけては高句麗が残って死闘を繰り広げました。

6世紀後半、朝鮮半島では高句麗が百済と対立し、日本が百済を支援。高句麗が隋と争った時に日本と隋が接近したことが遣隋使の派遣につながります。

7世紀に入って隋が滅亡し、新羅が強くなったこともあって、今度は日本と百済と高句麗が接近しました。そのため、高句麗や百済を圧迫していた新羅が孤立することになります。

日本人は、新羅以降のコリアン国家が中国の属国だったとかいうと、「日本も遣唐使などを中国に派遣していたから同じではないか」と反論されて、的確に再反論できなくて恥をかいたりしています。

しかし、日本が遣唐使を派遣していたのは、中国がそれ以外の対外関係を持たなかったがための便宜的なものに過ぎません。

あとで紹介しますが、明治になって清は、日本との外交関係をイギリスなどと同じということにしました。清は、イギリスもかつてのローマ帝国も、すべて「朝貢者」と位置づけていたのでそれで矛盾がなかったのです。

逆に、日本に唐の使節が来れば西蛮からの朝貢使と位置づけられるわけで、それは唐としては嫌ですので、原則として日本には遣いを出さないようにしていたのです（たまに来るとトラブルになりました）。

ただし、日本と唐の関係にしても、多少の上下関係はありました。また、従属度はそれほど高いものではなかったにしろ、新羅や百済は日本に従属していると見なされていました。

つまり、7世紀中盤以前の百済や新羅は唐や日本に朝貢はしていましたが、属国とまでは言えなかったのです。ところが、新羅が唐に対して完全な属国になるという事件が起きました。

聖徳太子が遣隋使（607年）を出した頃は、隋が高句麗を征服しようとしたのですが、高句麗はこれを撃退しました。その頃、百済と高句麗の関係は悪く、日本と百済は隋に近かったのです。

高句麗と唐も引き続き争いましたが、この頃になると、百済と高句麗の関係が改善し、日本も入って三国の同盟のようなものが成立していました。そして、共通の敵である新羅を孤立させました。

そこで、新羅は独立を犠牲にして唐と同盟関係を結びました。年号や服装も唐の制度に従い、人名も民族的なものから中国風のものに替えるなど、名を捨てて実を取りました。ここで日本・高句麗・百済の圧迫から逃れた新羅の外交革命が起きたのです。

服装なんぞと思われる方もおられるでしょうが、日本は新羅の使節が唐の服を着て来日したので、追い返したほどです。

この時に韓流ドラマでもおなじみの善徳女王のもとで宰相として日本や唐に派遣され大活躍したのが金春秋で、のちに武烈王として王位に就きました。

そして、唐は新羅の援軍も得て、百済と高句麗を滅ぼして領土を奪い、羈縻国（属国よりさらに従属度が高い自治区のようなもの）としました。

百済については、その復興を画策した日本が、残党のリベンジ戦に援軍を送りましたが、白村江の戦いで敗れて諦めました。両国の国王などは唐に連れて行かれましたが、新羅に服従した者もいましたし、百済の場合には大量の亡命者が日本に流れ込んできました。

さらに、唐は新羅に対して、女王では不適当だから代わりの王を派遣してやろうと言い、新羅も羈縻国にしようとして、実際に、新羅王は王号を奪われました。

しかし、新羅はこれには反発し、日本に対する従属関係もある程度は復活するなどして、唐と争うことになります。しかも、新羅は唐が吐蕃と争っている隙に百済の旧領のすべてと、高句麗の旧領のうち平壌の南を流れる大同江以南を横取りする一方で日本に秋波を送ったりしました（735年）。

さらに、渤海が満洲で勃興して唐にとって深刻な脅威となったのを機会に、渤海との戦争で唐の助太刀をすることを約束し、領土取得を追認されました（735年）。

つまり、唐や日本に朝貢はするものの、独立国としての性格を持った高句麗、百済、新羅という国が割拠していたのが、唐に従属する新羅という半独立国による支配に替わったというのが7世紀から8世紀に半島で起きた外交革命なのです。

そして、その後のコリアン国家は、李氏朝鮮のように、中国の皇帝からの任命行為（冊封）が終わるまでは国王ですらなく、中国の年号を使う半独立国となって、日清戦争までそれが続いたのです。

以上が、古代における日本と韓国と中国の外交関係です。もうひとつ大事なのは、大陸文明の伝来における半島の役割ですが、それは、第七章で語りたいと思います。

第四章

元寇・朝鮮通信使・日韓併合の嘘に騙されるな

戦後、突然に渤海もコリアン国家と言い出す

韓国・北朝鮮の人たちの歴史観で極めて特異なのは、過去の言い分を忘れないだけでなく、いくらでも新しい諍いのタネを創り出してくることです。

例えば、7～10世紀に満洲から朝鮮半島北部、そしてロシアの沿海地方にかけて存在した「渤海」という国があります。699年、高句麗の遺民と南部靺鞨族によって満洲北部に建国された国です。

唐及び新羅と対立したこともあり、日本には727年から920年までに34回も朝貢してきました。迎える日本としては、国家として恥ずかしくない「もてなし」が必要ですが、日本海側のどこに漂着するか風まかせで対応が難しく、また、交易から得るものも少ないので、平安時代になると回数を減らすように要望したほどでした。

渤海を滅ぼしたのは契丹（遼）です。白頭山（朝鮮民族の聖地）の噴火が原因という説もありましたが、それは違うようです。契丹は傀儡《かいらい》国家として東丹国を建てて朝貢してきましたが、日本は正統な継承国でないと断りました（930年）。

高句麗の継承国家が中国なのか朝鮮なのかすら議論があるのは論じたとおりで、公平に見れば中国に分があります。まして、渤海は高句麗の遺民の建国といいますが、新羅に併合されなかった北部の住民が、満洲人の先祖である靺鞨族と建国しただけです。渤海は朝鮮史とは関係ないですし、高麗も李氏朝鮮も渤海がコリアンの国家だったなどというようなことを主張したことはありませんでした。

ところが――。

戦後になって、北朝鮮の朴時亭の『渤海史研究のために』（１９６２年）という論文で、「三国鼎立→南北両立→高麗による統合」という歴史観が唱えられ、それが北朝鮮の公的見解となったのです。

すると、韓国でも１９７０年代から新羅と渤海が並立した時代を「南北国時代」と規定して、国定教科書に記述するようになりました。つまり、**滅亡して１０００年以上経ってから、突然に渤海はコリアン国家にされてしまったのです**。

こんな、特異な歴史観が通用するのが朝鮮半島の不思議です。ですから、孔子も韓国人で、漢字も茶道も武士道も半島発祥というおなじみの韓国起源説も平気で唱えられるわけですし、任那はなかったとか、天皇家は半島から来たとか、お笑い歴史観が次々と生み出されるのです。

孔子の場合で言うと、「孔子は山東省の人で→山東省は東夷の国だ→コリアンも東夷の一種だ→孔子はコリアンだ」という論理回路らしいのです。

中国人が高句麗の子孫だと偽って建国した高麗

新羅が衰退したのち、後百済と後高句麗が独立し、後三国時代と呼ばれる時期がありました。新羅では、780年には恵恭王や妃などが暗殺されて中興の祖とも言える武烈王系の血筋が断絶しました。

そののちは、内紛が続くようになり、9世紀中頃には、甄萱《けんけん》が後百済を、新羅の王子と称する弓裔《きゅうえい》が後高句麗を建てて、新羅とともに「後三国時代」となりました。そして、人望のない弓裔に代わって後高句麗を率いた王建《おうけん》（太祖　在位918—943年）が、まず、新羅を降伏させ、ついで、内紛で追い出された甄萱の協力も得て後百済を下して高麗を建国、統一を実現しました。英語国名のコリアが高麗に語源を持つのは言うまでもありません。

　この時、後百済は日本に救援を何度も求め、百済や任那を再建する絶好のチャンスだったのですが、対外的な関心を失っていた平安貴族たちは、誘いに乗りませんでした。また、高麗も日本に円融天皇の972年に通交しようとしたのですが、日本側から拒否されています。また白河天皇の1079年には、国王のために医師を派遣してくれという希望が伝えられましたが、もし治療に失敗したら格好が悪いと日本側から断ってしまいました。

　詳しいことは十分に資料が残っていないのですが、この頃は、中国に有力な政権がなかったので、高麗は日本との交流を希望し、丁重に申し込んできたのです。これを受けていれば、上下がはっきりした関係としてつきあえたはずなのですが、平安貴族にとっては海外と関わり合うことは面倒な話だったのでしょう。戦後の日本に似た時代でした。

　高麗の創始者である王建は、その名のとおり、中国人の血が濃厚に入っている開城《ケソン》の大商人の家系から出ています。ただ、高句麗の旧領の出身で、高句麗再興を旗印に挙兵した弓裔が建てた後高句麗を継承したので、実質的には新羅の継承国家であるにもかかわらず、気分的には高句麗の子孫という意識も強かったわけです。それが朝鮮王国を通じて現在の韓国、そして、それ以上に北朝鮮にも引き継がれています。ただし、中国がそんなこと知ったことかというのも当然です。

『三国史記』は高麗の時代に新羅人が書いた反日正史

高麗では、仏教や風水が大事にされ、豪華な宮廷行事がされました。このために、文化的には、半島史上でもっとも優れた時代だと思います。

首都は開城でしたが、平壌もいわば副都として大事にされました。また、統一の経緯から、百済の旧領出身者は、意図的に差別されました。これが今も続く、全羅道出身者への抜きがたい差別の原因になりました。

高麗の外交は、中国情勢が五代十国から北宋・契丹・南宋・金・元・明が統一と分裂を繰り返す時代であり複雑でしたが、新羅よりは自主独立路線を歩みました。国内向けではあったようですが、「皇帝」を名乗ったこともあります。ともかく、コリアンが皇帝を名乗ったのは、この時と、1897年と1910年の大韓帝国時代の二度だけです。

また、両班や科挙の制度なども確立しました。両班とは文臣（文班）と武臣（武班）のふたつの班からなる官僚制度で、科挙に合格して一定の地位を得るとその子どもは科挙合格者と同等に扱われるといった制度もあって、徐々にこれが階級化しましたが、これが朝鮮の近代化を阻みました。また、文章力のある漢族が優遇されました。

王朝初期、こうした儒教思想の教祖的な存在として活躍した政治家が崔承老《さいしょうろう》です。江戸時代の日本が朝鮮的な封建思想と体制を部分的に導入したことから、日本史においても間接的に重要な影響を及ぼした人物なのですから、もっと知られていいかと思います。

この高麗の時代、韓国の『日本書紀』と言うべき『三国史記』が編纂されています。高句麗、百済、新羅を中心に描いた正史です。

この『三国史記』は、国王の参考になるようにと、過去の王たちの過ちも包み隠さず書くという基本姿勢が取られていますので、よく整理され、極度な誇張はありません。そのために、『日本書紀』の書いていることの多くが追認されていますし、記載されている事件の実年代の推定にもそこそこ役立ちます。

『三国史記』を編纂したのは、新羅王室の血を引くという金富軾《きんふしょく》。ここが問題でした。新羅の人だけに、百済や任那と日本の密な関係を矮小化して書いているからです。その歪みこそが、**日韓両国民の歴史認識のギャップを生み出し、さまざまな不幸の原因になっているというのが私の考えです**。その一方、中国との関係では、新羅出身者、そして儒学者らしく卑屈さが目立ちます。

ただし、現代の韓国では日本との関係について、『三国史記』でしぶしぶ認めている従属関係すら認めない傾向にあるのは困ったことです。これには、韓国人が漢字が読めなくなっている影響もあると思われます。

また、1280年前後になって一然《いちねん》という僧侶が、私撰の史書としての『三国遺事』を編纂しました。これを半島の『古事記』だと位置づける人もいますが、信頼性のレベルは根本的に違います。『古事記』は、内容についてこそ公的な認証はされていないものの、編纂は朝廷が命じたものだからです。

高麗から元への貢女の中から出た奇皇后

高麗の時代における日韓関係で最大の事件は元寇に高麗が参加して日本を侵略しようとしたことです。

そこで、本題に入る前に、その背景を理解するために、この頃の中国と北アジアにおける民族の興亡をおさらいしましょう。

朝鮮半島における後三国時代の開始は、中国で唐が滅びて五代十国時代に入り（907年）、北アジアで契丹が建国されたのとほぼ同じ頃です。

そして、高麗の建国（918年）、契丹による渤海滅亡（926年）、新羅滅亡（935年）、後百済の滅亡と高麗の統一（936年）、北宋による中国統一（960年）と展開します。

12世紀になると契丹を女真族の金が滅ぼし（1125年）、宋帝国も華北の支配を失い、開封から杭州に遷都して南宋となります（1127年）。そして、金はモンゴルに滅ぼされ（1234年）、南宋もそれに続き、元の時代になります（1276年）。

そうした中にあって、高麗王国は統一を維持し続けることに成功したのですが、あちこちの顔色を見ながら従属し、元からは直接的な支配を受けました。

ただし、モンゴル人は、高麗の王族を自分たちと同格として扱ってくれました。王の世子は都で人質生活をし、元の皇女などと結婚したのです。また、高麗は元におびただしい美人を貢納しましたが、その中にはなんと皇后に登り詰めた女性もいます。韓流ドラマで知られる奇皇后です。

元寇についての誤解も解いておきましょう。高麗が元に対して「江華島遷都（首都を要害の江華島に移転して抵抗した）」や「三別抄の乱（反蒙古分子の反乱）」などで抵抗したことによって日本への侵攻が遅れたのだから、日本人は朝鮮の人々に感謝しなくてはならないなどと主張する人がいます。

しかし、彼らは日本のために抵抗したのでもないですし、**現実の来襲の時には日本への攻撃をけしかけた側であり、しかも戦力の中心でもあった**のですから、隣家に強盗が入り、しばらく抵抗したと思っていたら降参して、あろうことか今度は強盗団の手下として手引きまでして一緒になって自分の家に入ってきたようなものです。

元寇の主力はモンゴル人だけではなく高麗人もだった！

高麗が元に服従した時、日本に野心を抱いたフビライは高麗に戦いの準備と使節を出すことを求めましたが、高麗王・元宗《げんそう》は戦費の負担を嫌い、最初の使節には海岸で風浪が厳しいことを見せて渡海を諦めさせます。しかし、命令に背いた元宗に怒ったフビライは、返事を必ずもらってくるように厳命しました（１２６６年）。

そこで元宗の側近・潘阜《はんふ》が大宰府に派遣され、フビライの国書を渡したのですが（１２６８年）、そこには「願わくば通交と親睦を深めたい。兵を用いることは誰も好まない」といったことが書かれていました。

この文面を日本側は無礼だと怒りました。「通交と親睦を深めたい」という点だけ見て、対等な関係で国交を求める趣旨なのに……などと言う為リベラル系学者もいますが、現実に元が各国とそういう関係を築いたことなどありませんから、拒絶は当然です。

朝廷では「蒙古という国を知らない。武力をもって臣従を迫ることは無礼である。

日本は天照大神以来の神国であり、外国に臣従する謂《いわ》れはない」との返信案を作成しましたが、鎌倉幕府はこれを出さないことにし、その後も同様でした。

そこで元と高麗の連合軍が攻めてきて（文永の役、1274年）、対馬や壱岐で住民を殺したり、女性たちの手に穴をあけてそこに縄を通してつないで拉致したりしました。

この時の戦いはわずか1日（異説あり）で撤退し、そののち、フビライは2度にわたって直接使節を送ってきましたが、北条時宗は彼らを斬りました。通信手段がなかった当時ですから、一度使節を出してしまえば、無事に相手のところにたどり着けたのか、まだ向かっている途中なのか、それすらわかりませんでした。ですから、直ちに斬ってしまえば、時間稼ぎができたのです。

この頃、高麗王世子でモンゴルの宮廷にあった忠烈王は、自分の立場を強めるために早期の派兵を進言し、弘安の役（1281年）が始まりました。

しかし、今度は日本側に準備ができていたため、五分の戦いをしているうちに台風が来襲。軍船が破損したところに日本軍の攻撃を受け、総勢14万人のうち3万3000人しか帰還できないという敗北を喫します。

フビライは3度目の遠征を計画し、忠烈王も「全面協力するのでぜひ」とけしかけましたが、ベトナムでの戦況が思わしくなく、実行されませんでした。

こうした経緯からして、**これは元寇でなく「元・高麗寇」と呼ぶべきものですし、まちがっても感謝するようなことではありません**。そしてまた、その後、荒れ果てた対馬や九州の人たちが拉致された家族を探し、あるいは食料を求めて「倭寇」として半島を荒らしたとしても、それはある意味「当然の報い」でした。

「朝鮮」の国号を中国から「下賜」された李成桂

元は1351年の「紅巾の乱」をきっかけに統治が低下し、元を駆逐した朱元璋（太祖・洪武帝）が1368年に「明」を建国しました。

この間、倭寇や元との戦いで功績を挙げ、台頭していた武人・李成桂が高麗でクーデターを起こして政権を掌握します。1392年のことです。これがいわゆる李氏朝鮮です。

李成桂は国号を変えずに国王になろうとしたのですが、これは明の皇帝の許すところとなりませんでした。1393年、明の洪武帝が「国号はどう改めるか知らせよ」と命令してきたため、李成桂は「朝鮮」と「和寧」の2案を提出しました。

朝鮮は古朝鮮において使われたもので、遼寧省から半島北部を指します。和寧は咸鏡道における李成桂の出身地のことです。ただ和寧はモンゴルのカラコルムを指すこともあるため、洪武帝は「朝鮮」という国号を「下賜」したのです。

そして、李成桂を権知朝鮮国事に封じました。高麗を滅ぼした経緯から、まだ国王としては認められなかったわけです。朝鮮国王として認められたのは3代国王の太宗からです。また、中国の王朝が明から清に変わった17世紀以降も、李氏朝鮮は明、ついで、清の属国でした。しかも、儀礼上、琉球国王より下の扱いだったこともあるようです。

李成桂の一族は、百済の故地である全羅北道出身の全州李氏とされ、新羅の高官だった李翰が先祖だったとか、もともとは、中国からやってきたともされています。しかし、李成桂の6代前の先祖が中央政界への進出を図ったものの失敗、李成桂の高祖父の時、一族郎党を率いて江原道、ついでモンゴルが支配していた女真族居住地の咸鏡北道に移ったとしています。

ただ、現地でモンゴル人や女真人の血が混じっているように見えますすし、家臣たちも当然にそうです。

もともと、元に服従していましたが、高麗が元に反乱を起こした時に内応して、この功績により、高麗の有力者になりました。

李成桂は国王から遼東（満洲南部）遠征を命じられ、遼東に向かったのですが、途中の威化島で風雨に襲われ、疾病が広がりました。そこで、回軍（軍を戻すこと）を主張し、
①小国（高麗）が大国（明）を攻めることはあるべきでない。
②農繁期に軍を動かすべきでない。
③倭寇の侵入を招く可能性が高い。
④梅雨の時期なので伝染病流行の恐れがある、という理由を唱えました。
そして、クーデターを起こし、国王になったということですから、そのスタートから明に対して非常に隷属性の高い意識の王朝でした。

韓流ドラマに話題を提供する愛憎劇の連続

王朝の基礎を固めたのは、3代目の太宗でした。太宗は、1394年に百済全盛期の首都だった漢陽（ソウル）に遷都し、漢城と呼ばれるようになりました。

その子がハングル（訓民正音）創製を行ったことで知られている世宗です。この2人の王がしっかりした基礎をつくったので、韓流ドラマに出てくる、バカバカしい政争が繰り広げられつつも、500年近くもの間、李氏朝鮮王朝は継続できました。

なお、韓流ドラマは、宮廷での出来事についても、ほとんど史実と関係ないというようなデタラメばかりです。庶民の生活も含め、風俗がずいぶんカラフルで豊かなものになっていますが、それは現実とあまりにも違う姿であり、歴史劇としての最低限の時代考証もされていません。

韓流ドラマ的なスキャンダルの数々など紹介しても仕方ありませんが、最悪の暴君は燕山君《えんざんくん》です。貧しい両班の娘だった母は、成宗の王妃になりましたが、極端に嫉妬深く傍若無人ぶりを発揮し、母后などの意向もあって廃妃され、死を賜りました。

王になった燕山君（在位1494―1506年）のもとでは、正史としての『成宗実録』の編纂をめぐって派閥争いが起きて多くの賢臣が殺され、生母の廃位に関わった人々を殺し、祖母にまで暴力を振るい死に至らしめました。

これを「甲子士禍」と言い、燕山君の蛮行を非難したハングルで書かれた立て札が立てられたというので、ハングルを学ぶことまで禁止しましたが、やがて廃位されました。そののちに即位した異母弟の中宗は38年間も王位にありました。宮廷の女性料理人という設定の主人公が大活躍するドラマ「チャングムの誓い」に出てくる気のいい王様です。

倭寇には倭寇なりの十分な正義がある

倭寇のような海賊行為は、世界中どこでもありますが、高麗末期から李氏朝鮮において特に盛んになったきっかけは、元寇にありました。元寇のあと、対馬などから拉致された日本人を捜すとか、戦乱で農地が荒れ果てたために、食料を奪ったり、労働力を得たりしたのです。倭寇には十分な正義があったのです。

時代が変わり、元が滅んで明が建国されても倭寇の海賊行為はつづき、それが高麗から李氏朝鮮に交替した一因でもありました。

１４１９年には「応永の外寇」と呼ばれる対馬への大規模な軍事行動がありました。対馬にとっては、元寇の被害に追い打ちを掛けられた形でした。

しかし、西国の大名たちにとっては、倭寇のような勢力を排除して、自分たちが貿易による儲けを手に入れるのは魅力的でした。周防の大内氏や対馬の宗氏が朝鮮王国と取引を始めるのは当然の成り行きだったのです。

日中間では、明側から倭寇取り締まりと引き替えに、九州にあった南朝の良懐親王を日本国王ということにして交流することが提案され、模索されましたが、結局、将軍を退いていた足利義満が日本国王としての冊封を受けて、勘合貿易を始めました。

明のほうでも義満の上に天皇がいることは承知していたのですが、現実的判断で目をつぶったわけです。日本国内でも義満の冊封について非難囂々《ごうごう》でしたが、義満も朝鮮王が明に対してとったような卑屈な儀礼はしないなど、日明双方が実利重視で現実的な判断をしたわけです。

朝鮮との間では、室町幕府に3度ほど通信使が派遣されたことがありますが、正式の外交関係というような大げさなものには至っていません。「明の冊封体制のもとでの対等な付き合い」などという意識は、まったく存在していなかったのです。

対明貿易もそうですが、大内氏や宗氏、さらには、その下請けの博多商人が担っていたのが実情でした。その中で、山口の大内氏は百済王室の末裔であることを口実に、先祖の土地に領地が欲しいという要求をしたこともあります。

文禄・慶長の役は決して負け戦ではない

豊臣秀吉の大陸遠征は、もちろん、乱暴ですし、戦場での振る舞いとしても恥ずかしい行為の数々がありますが、戦後の日本で言われるほど無茶なものではありません。戦前の「歴史的快挙」という評価も、戦後の暴挙という位置づけもどちらも公正なものではありません。

何しろ今は歴史の教科書などだけでなく、NHKの大河ドラマなどでも華々しい扱いはタブーです。

例えば、「碧蹄館《へきていかん》の戦い」です。2014年の大河ドラマ『軍師官兵衛』では、日本軍が勝つ場面は注意深く避けられ、「日本軍は平壌から退き、なんとか明軍の攻撃をしのいだものの……」という表現で、白村江以来初めて日中正面対決になった碧蹄館での歴史的大勝利は、その名称すら紹介されませんでした。

フランスが、オーステルリッツやトロカデロなどナポレオン戦争の戦勝を記念するパリの地名を変えようなどということはありません。歴史的な事実を隠すという異様な扱いは、決して日中友好のためにもなりません。もちろん、この例は明と日本の戦いですから、韓国にとやかく言われる筋合いはまったくありません。

そもそも、アジアでは中国の歴代王朝の多くが、朝貢という形でしか交流を認めず、自由な交易ができませんでした。自由な貿易をしたい、あるいは、公的な貿易でも枠の拡大を望むという要求は古代からあったことですし、それを拒否すれば軍事行動に出るというのは、陸であろうが海であろうが近代以前において珍しいことではありません。ペリーに脅されて開国した日本の例もあります。

特に、明はもともと極端に朝貢貿易を縮小し、民間貿易は厳しく禁じていましたが、倭寇を理由にかたくなに貿易を拒否していましたし、秀吉の通商のあらたな呼びかけにも応えませんでした。しかも、この時代は南蛮船がやってきて中継貿易を独占しつつあり、キリスト教の布教の要求もしていました。

そういう時にあって、秀吉が明に貿易政策の変更を要求したのは当然ですし、拒否されて軍事行動に訴えるのも当時としてはおかしなことではありません。また、その時に、中間の朝鮮王国に協力を呼びかけたのも自然なことです。

朝鮮半島の国は歴史的に中国やその外縁の国から軍事協力を求められており、それを拒否すれば討伐されてきたのであって、それと変わるところはありません。高麗は元寇に協力しただけでなくむしろ、けしかけすらしたのですから、今度は協力しろという理屈には道理があります。

結果はといえば、秀吉の遠征は失敗に終わりました。まず、イギリスがヨーロッパで成功したように、水軍を強化して制海権を握り、陸上では沿海部の要衝を確保するくらいにしておけば良いのに、制海権もないのに大規模な地上兵力を送り込んだのが間違いでした。

「限定的な拠点の確保」という言葉が嫌な人も多いでしょうが、イギリスは今でもイベリア半島のジブラルタルやフランス沿岸のチャネル（海峡）諸島、あるいは世界中あちこちの島々を領土として保持したままですし、それが国際的にも承認されているのですから、海洋国家にとってそんな無茶な話ではないのです。

また、エリザベス女王は海賊を取り込みました。スペインがアメリカ大陸とヨーロッパの間の輸送を独占していたので、イギリス人やフランス人が政府の後押しのもとで海賊になって、この独占を崩したのです。それに対して秀吉は、海賊を征伐して正規の水軍だけで勝とうとしました。これはまったくの間違いだったと思います。

ただし、この戦争が軍事的に大失敗だったわけではありません。文禄の役では、逃げる朝鮮軍を追って平壌を占領したり、一部は満洲にまで達したりしましたが、その後の補給がつづかずに明軍の逆襲に遭い、休戦することになってしまいました。その反省があって、慶長の役では南部の要衝をしっかり固めることに徹し、蔚山、泗川（慶尚南道）、順天（全羅南道南東部）のラインに後退し、漢城の占領もいつでもできるという状態でした。

このような慶長の役での半島南部の拠点だけを確保するという作戦は、秀吉の死による国内情勢の緊迫のために採られ、秀吉が生きていたら1599年の春に満を持して大攻勢をかける予定でした。

秀吉が死んだため、いったん引き上げることにしたら、さすがに明軍に足下を見られて大攻勢をかけられました。蔚山の戦いで加藤清正が大苦境に陥ることもありましたが、それは撤退を決めたから起きた問題でしかありません。

明を裏切って満洲族に屈した朝鮮王国

慶長の役に参加した秀吉配下の将兵たちが、大苦戦の連続で厭戦《えんせん》気分が高まり、秀吉の死によってやっとの思いで帰国したというのは事実です。しかし、明軍にとってはそれ以上で、秀吉の死による僥倖《ぎょうこう》だったという受け止め方でした。

「明」は「文禄・慶長の役」で財政的にも弱体化し、満洲方面の軍備がすっかり手薄になりました。その頃女真族にはヌルハチという指導者が出て、この機会を逃がさずに女真族の統一を進め、1616年には「後金」を建国しました。女真が蔑称だというので、文殊菩薩に由来する「満洲」を称するようになりました（異説あり）。

これに対して、後金と戦うために兵を出すよう明から朝鮮に要請があったのですが、戦乱で疲弊していた朝鮮はごくわずかな協力にとどめ、むしろ後金との修好を試みました。明からすれば、せっかく日本から朝鮮を助けたのに、当て外れもいいところでした。

逆に言うと、そもそも、通商関係においても朝鮮半島の和平交渉においても、秀吉の要求に多少なりとも柔軟に対処しておかなかったことが明の外交的な失敗でした。しかし、そのうちに朝鮮では政変が起きて仁祖が新しく国王になりました。政争で敗れた勢力は、ヌルハチのあとを継いだホンタイジのもとに亡命して攻撃を要請し、3万の兵でやってきました。これが「丁卯胡乱《ていぼうこらん》」（1627年）です。

国境の義州で守りにあたっていたのは李舜臣の甥である李莞でしたが、女性と一緒に過ごしていて城が陥落したのも知らなかったというお粗末さで、仁祖は破竹の勢いの後金軍を避けて江華島に逃げ込みました。

この時は後金も深追いしなかったため、「後金と朝鮮は兄弟の盟約を結ぶ」「両国軍隊は鴨緑江を越えない」「朝鮮が明と友好関係を維持することは認める」ということになりました。しかし、後金軍はこの約束をあまり守らずに厳しい要求を突きつけてきたため、1633年に和平の破棄を宣言しました。

一方、ホンタイジは万里の長城を攻略する前でしたが、1636年にモンゴルから中国皇帝の玉爾《ぎょくじ》を手に入れ、満漢蒙の3民族に君臨する皇帝であることと、「大清帝国」の樹立を宣言します。そして使節を朝鮮に送って、大清帝国の樹立にともなって君臣の関係とすることを通告しました。

しかもこの使節は、朝鮮が国内で後金との和親を解消して立ち上がることを布告した文書を手に入れました。これを見たホンタイジは1636年に10万の大軍とともに親征し、10日ののちには漢城に迫りました（丙子《へいし》胡乱）。

仁祖は南漢山城で抵抗しましたが、まもなく投降することになります。王世子とともにソウル郊外の漢江《ハンガン》のほとりにある三田渡で粗末な服を着せられ、受降檀の上段にあるホンタイジに下からひざまずいて礼を3回し、頭を床に9回叩きつける三跪九叩《さんききゅうこう》頭《とう》の儀式をして許しを請いました。1637年1月30日のことでした。

そして、「清に臣下の礼を取る」「明との関係を断絶する」「太子とその弟、大臣の子女を人質として差し出す」「明を征伐するために援軍を送る」「明に対して送っていたのと同様の使節を定期的に送る」ことに加えて、莫大な賠償金も払わされました。

さらに三田渡に満漢蒙の3カ国語で頌徳碑を建てさせました（ハングルは正式文書に使われていないなど朝鮮語の書き言葉は存在しなかったため、朝鮮語はありません）。

こうして朝鮮国は、自分たちより下の蛮族として扱っていた満洲人たちの従属国となり、それは日清戦争のあとの下関条約で解消するまでつづくことになります。

朝鮮半島における戦いを継続していたらどうなっていたか

もし、秀吉の死による撤兵をしないとか、徳川家康が再出兵していたらどうなったかと言えば、もちろん、満洲族でなく日本人が明を征服したこともあり得ないではないのですが、明とかなり有利な条件で和平を結ぶことが可能だったでしょう。

その内容は、①限定的な領土ないし拠点の確保、②朝鮮に対する優越的関係の確認、③朝鮮と明との関係継続は認め、朝鮮を通じて間接貿易をするというような内容になったかもしれません。そのくらいは、明にとっても李氏朝鮮にとっても受け入れ可能だったはずです。具体的には琉球との関係が参考になるでしょう。

家康は、朝鮮に対する融和的な外交の埋め合わせに、島津氏に琉球征伐を認めています。その結果、①奄美諸島を島津氏に割譲する、②琉球王国を事実上の管理下に置く、③琉球と明との冊封関係と貿易は維持される、結果として島津氏と明は間接貿易をしているのと同じになったのです。

現代的な価値観からすれば、どこかの国を服属させるとか領土を割譲させるとかいうことは容認されるわけでないのですが、当時の世界では各国が競って覇権争いをしていました。最終的には満洲族の清に対して朝鮮は服属したわけですから、命脈が尽きようとしていた大明帝国による秩序の終焉《しゅうえん》と、南蛮人の進出という国際関係の激動の中で、日本が自国に有利な秩序を求めて行動したとしても、それが常識外の暴挙だったとは言えません。

「日本が積極的な対外進出とか強気の外交政策を展開すると必ず失敗する」などと言って、史実をねじ曲げてまでやめさせようとするのはフェアではありません。

文禄・慶長の役について、戦後の日本では、無謀な外征であるということばかりが強調されますが、これは、史実とは乖離《かいり》した政治的なプロパガンダに過ぎないのです。

江戸時代は日本が李氏朝鮮化した時代

とりあえず家康は、第3次侵攻をにおわせつつも朝鮮に対して平和的な姿勢を取りました。その狙いは、明との貿易を朝鮮に仲介してもらうことだったようです。しかし、これは明が断ったので当て外れになりました。

そして、ひとまず朝鮮通信使の受け入れということになったのですが、少なくとも日本側からすればこれは「朝貢使節」です。朝鮮側からすればそうでないと強弁できる余地を残しているのですが、そこは、対馬による国書改ざんという危険な手段が介在しているとはいえ、ある程度の「呉越同舟」として、あっても良いことです。

ただし、すべて了解の上での大人の対応ということではなく、しばしば、幕府が通信使に朝貢使節らしい振る舞いをさせようとして攻防戦がありました。そういう意味で、どの程度の上下関係かはせめぎ合いがありましたが、明らかに対等の国交ではなかったのです。

「対等と言っておけば韓国人が喜ぶのだから良いではないか」と言う人もいるでしょ

う。韓国側が「対等の関係だった」と言いたがるのは、気分の問題だけでなく、それが近現代史の評価にもかかわってくるからであって、そこで甘い対応をすることは、**歴史を歪めるだけでなく、国益にもかかわってくるのです**。

例えば明治政府の対朝鮮政策です。もともと対等の実り多い関係だったのに、明治政府が無理な変更を要求したというのと、上下関係がある前近代的な関係だったのを近代的な対等の関係にしようとしたのに、それに朝鮮側が応じなかったというのでは大きな違いがあります。

ただし、「韓国も同じ見解を取れ」と喧嘩することまで必要なのでありません。一応、日本人の間で日本側の主張はこうだとはっきりしておけばいいのです。

家康は朝鮮を屈服させられなかった外交的失敗を琉球で埋め合わせしました。もし、家康がもっと生きていたら鎖国をしたかどうかもわかりませんし、同じ半島政策を続けたかもわかりません。清が朝鮮王国へ攻め込んだり、明を倒した時にどう動いたのかも不明です。

ただ、明の復興を願う鄭成功《ていせいこう》が救援を求めてきた時には、家康の第10男である紀州の徳川頼宣は天下の浪人を集めて軍事介入することを主張し、喜びいさんで文禄・慶長の役の雪辱を果たそうという武士も多くいました。世論の支持もかなりあったようですが、井伊直孝が反対したため中止されました。
「大陸出兵を国民が嫌がっていた」とか、「もうこりごりだと思っていた」というのは戦後における歪曲された政治的歴史認識です。

朝鮮通信使については、「55年体制」下での日朝関係に似ています。対馬藩による細いパイプでの局地的貿易と人の交流、何十年に一度だけの一方的な使節派遣は、実り多いというようなものではありませんでした。ただ、最低限のパイプを保持したということの意味がないわけではありません。

55年体制における社会党は対馬藩に、朝鮮総連を「倭館（日本人居留地）の逆のような存在」と思えばいいのです。しかし、「300年の平和で対等な善隣友好関係」というような立派なものでなかったのは明らかです。

これは当たり前のことですが、**中国の冊封国と日本が対等の関係を結ぶのは論理的にもあり得ないのです**。

文禄・慶長の役は両国の間に、ある程度の文化的交流をもたらしました。唐辛子を朝鮮に持ち込み、日本の陶磁器を発展させました。しかし、もっと根本的な影響を日本にもたらしたものがありました。それは朱子学の本格的な導入です。

つまり徳川幕藩体制とは、多分に「日本の李氏朝鮮化」であり、それが原因となって、信長・秀吉・家康の時代に世界の最先進国のひとつだった日本を、世界の文明の進歩から取り残すことになりました。

それが、秀吉が朝鮮の人々に迷惑をかけたことの「呪い」だったと言えばそうかもしれません。そのあたりは、第七章でもう少し詳しく紹介します。

日本で「征韓論」の声が高まった理由とは

近代における日本と韓国の不幸な関係は、日本でなく朝鮮王国の無礼極まる非常識な外交によって始まりました。

明治維新になって新政府は1868年12月に新政権樹立の通告と、江戸幕府が対馬藩の宗氏経由で行っていた外交に代えて、「条約に基礎づけられた近代的な国際関係」を樹立することを求める国書を持つ使者を送りました。

それに対して大院君は、日本が西洋化を進めていることを非難し、中国の皇帝のみが使える「皇」や「勅」の文字が国書に使われているのが許せないとして、その受け取りを拒否したのです。いわゆる「書契問題」です。

野田内閣の時、日本の総理の書状を韓国が受け取らないという非礼がありましたが、19世紀からいつまでも進歩しない幼稚な対応でした。

そののち、廃藩置県に伴い対馬藩から外務省に釜山の倭館が移管されたのですが、それに朝鮮側が嫌がらせをする事件などがありました。そして、日本の外交官が蒸気船に乗って洋服で釜山に来たことが気に食わないとして報復措置を講じた事件をきっかけにして、大院君の「日本人に交わるものは死刑にする」という布告がありました。そのため、居留民保護を理由に派兵を主張する板垣退助などの声が大きくなったのでした。

そこで、西郷隆盛が自ら使節となって朝鮮に赴いて直談判することになりましたが、ヨーロッパから帰国した岩倉具視や大久保利通に止められてしまい、西郷の朝鮮派遣は幻となります（1873年10月）。

大河ドラマなどでは、西郷隆盛は戦いを望まないやさしい人として描かれていましたから、対立がわかりにくくなっていましたが、西郷隆盛が平和主義者だったなどというのはなんの根拠もありません。強硬策の先頭にたって過激な要求をし、土壇場で寛容なところを見せてことを収めることもあったので、この時もそうだったかもしれないというだけのことです。やはり素直に不平士族に活躍の場を与えるために軍事行動を望んでいたとみるのが率直な見方でしょう。

朝鮮を開国させた日本はペリーの役割

征韓論は敗れ、西郷や板垣は下野しましたが、岩倉や大久保の政府は、国際的な理解を得られるような状況をつくった上で条約交渉に入りました。

1875年に江華島付近を測量中の日本軍艦に朝鮮側から発砲があり、「江華島事件」が起こります。この事件は、日本に挑発されてのことと朝鮮側は主張しましたが、そう決めつける証拠はなく、また、挑発があったにしても、それに乗って先に砲撃したのは朝鮮側でしたから弁解できません。

のちの日米開戦でもそうですが、先に手を出したほうが悪いわけで、挑発されたからだというのは国内での弁解にしかならず、国際的には通用しません。

この小競り合いのあと、翌年に結ばれたのが「日朝修好条規（江華島条約）」です。この条約で朝鮮は「自主の国」であるとしましたが、これを日本は清国の干渉を受けないという宣言であるとして利用することになります。

また、釜山以外に新たに仁川と元山を開港すること、開港地における治外法権の承認などが定められ、輸入品に関税をかけず、朝鮮半島で日本貨幣の通用を認めることまで決められました。

これはたしかに不平等条約ですが、当時の世界では、法適用を要求するためには近代的な制度が整備されているかどうかも問われましたし、朝鮮人が日本で活動することを朝鮮側も想定していなかったので、現代人が考えるほど不公平感があったわけではありません。もともと、釜山に倭館があったのに、逆はなかったのですから。

こうして日本は朝鮮王国の門戸をこじ開けて国交を結ぶことに成功し、欧米各国もそれにつづいたため、朝鮮は世界に向かって門戸を開きました。

つまり、ペリー艦隊の役割を日本が果たしたわけで、ペリーが開国の恩人と言われるように、感謝されてもおかしくありません。

大院君と閔妃の嫁舅ゲンカに振り回された各国

この時期の朝鮮王国の宮廷では、国王だった高宗の実父である大院君と王后である閔妃の壮烈な権力闘争があり、この両者が日本や清のような外国勢力を利用しようとしていました。しかも、気まぐれに提携相手を変えるために大混乱を招き、ついには、日韓併合に至ってしまいました。

日韓併合は最終場面では強い圧力をかけて独立を失わせたのですから現代的な視点からは申し訳ないことではあります。しかし、それに至った原因は主として朝鮮側にあったことを否定するものではありません。それとこれとは別の話であり、日韓併合は言わば過剰防衛のようなものだと理解すべきです。当時は、日本の立場が国際的支持を得ていたのもまちがいないことです。

それでは、その経緯を大院君と閔妃の対立を軸にして説明していきましょう。

李王家では、近親の王位継承者がいなくなり、遠縁から候補者を探していました。この時、王の遠縁で策士だった興宣大院君は策士で、愚か者を装って安心させ、次男（高宗）を国王に指名させることに成功しました（１８６３年）。高宗以前にも３人の王の実父が「大院君」と呼ばれていましたが、「大院君」といえば普通はこの人です。

大院君は不正腐敗を長く続けてきた勢力を排除して広く人材の登用を行い、地方官吏の不正摘発や両班への課税強化で好評を得ました。しかし、「文禄・慶長の役」の時に国王が逃亡したあと民衆による放火と略奪で焼失した景福宮の再建のために国民に負担をかけて、人気がなくなっていきました。

欧米諸国の進出に対して徹底抗戦を主張し、民族主義を鼓舞して戦い、当初は成功しました。ロシアの船が現れると、フランス人宣教師にフランスの介入を要請しましたが、宣教師が拒否したため９人のフランス人宣教師を処刑しました。そこで、フランス艦隊が報復攻撃を行いましたが、義勇兵を募ってこれを撃退し、数千人のカトリック教徒を処刑する暴虐を働きました。

そこで調子に乗って、日本に対しても、非常識な外交的無礼を働き強気に出ました。しかし、近隣で大兵力を動かせる日本に対しては無謀でした。

大院君の独裁を覆したのは、高宗の閔妃でした。大院君は強力な外戚の出現を防ぐために、自分の妻の一族である閔妃を王后にしました。ところが、したたかな閔妃は、大院君の兄たちや大物両班などと党派を組んで宮中クーデターを成功させ、1873年11月に高宗の親政を開始させ、舅《しゅうと》の大院君を排除してしまいました。

それを見た岩倉と大久保らは、閔妃が開国に前向きそうだと見て積極策に出ました。ペリー艦隊的な圧力をかけて、翌年になって結ばれたのが「日朝修好条規（江華島条約）」だったのです。

このやりとりのあと、朝鮮の朝廷では何度か日本に使節を送りましたが、これは咸臨丸の派遣や岩倉使節団と同じような意味をもち、文明開化の成果を知るところとなり、親日派が増えました。

このあと閔妃が開明路線を続けていたら日本と朝鮮は素晴らしい友好関係になったはずです。ところが、閔妃は新興宗教に凝って暴走を始めます。それをみた大院君は巻き返します。1882年、閔妃派の新式軍隊優遇に不満を持つ旧式軍隊が暴動を起こし親日派の政治家を殺すなどして閔妃派を一掃し大院君が復権しました。日本人の指導教官も殺され、花房義質《はなぶさよしもと》公使は日本に逃げ帰ります（壬午《じんご》軍乱）。

この時大院君の後ろ盾になっていたのは清国ですが、日本人への暴虐はいくらなんでも無茶だとして、日本に賠償金50万円を支払い、日本に謝罪使を出し、日本公使館に日本兵を駐屯させることを認める協約を締結させました（この時の謝罪使節が船内で考案したのが現在、韓国国旗になっている太極旗です）。

しかも、暴徒に捕まらずに逃げた閔妃は清に助けを求めました。そこで清国の実力者だった李鴻章は、清は朝鮮の宗主国であり、朝鮮を保護する立場であるとして、袁世凱を朝鮮に駐在させることにしました。そして、大院君を壬午軍乱の先導者であるとして天津に拉致し、4年間も抑留したのです。

こうして、閔妃はなんと最初とは反対に、清を後ろ盾とした保守派（事大党）の首領になってしまいました。そこで、清国にすり寄る閔氏政権の動きに反対したのが、福沢諭吉の影響を受けた金玉均らの開化派で、1884年に日本公使の竹添進一郎と謀ってクーデターを起こし、いったん、政権を奪います。

高宗と閔妃はいったんこれを追認したのですが、気が変わって、袁世凱に助けを求めて実権を取り戻し、清軍は王宮を占拠して日本軍を追い払いました。開化派の政権は3日で崩壊し、金玉均は日本に亡命しました。そして、10年後の1894年、上海に誘い出された金玉均は閔妃の刺客に殺され、さらし首となりました。

しかし、清国は兵を駐屯させて朝鮮の政治にも介入しましたが、この時の清軍の乱暴狼藉ぶりは目に余るもので、現在も、韓国では中国人が韓国で横暴な振る舞いをすると、袁世凱の再来だといいます。

そこで、高宗と閔妃は、ロシアを引き込む陰謀を始めます。それを見た伊藤博文と李鴻章は朝鮮政府の頭越しに話し合い、天津条約（１８８５年）で、

①日清両国は朝鮮から撤退する、

②朝鮮の自衛軍を養成することとして訓練教官は日清両国以外から招請する、

③朝鮮に派兵する場合に両国が互いに通告することとして事態が終結した際には撤兵する、

としました。

清は高宗たちを牽制するために大院君の帰国を認めました。この頃、ロシアが咸鏡道に進出したので、イギリスは釜山沖の巨文島を占領してロシアを牽制しました。

日清・日露戦争を引き起こした朝鮮王室の迷走

日清戦争（1894年）と日露戦争（1904年）は「朝鮮王国が引き起こした」と断言するのは、少し言い過ぎかもしれませんが、朝鮮王室がもう少し思慮深かったらふたつの戦争がなかったのは間違いありません。

この頃、清は朝鮮国との従来の冊封関係をより強い保護国のような関係にしようとしましたが、日本は独立友好国であることを求めました。ロシアが最終的にどのような希望を持っていたかは明確ではありませんでしたが、のちに説明するように、他所でのロシアのやり方から類推すれば併合を狙っていたと見るべきです。ウラジオストックや大連より釜山ははるかに魅力的だからです。

帰国した大院君は日本にとって好都合な存在だったはずですが、たちまち身勝手なふるまいをして、関係は悪化しました。大院君は「斥倭洋夷」（朝鮮から日本と西洋外国を排除する）を掲げる新興宗教集団「東学党」に乱を起こさせて混乱を生み、清国の介入を招いて日本軍を追い払おうという複雑な陰謀を組みました。

しかし、駐留していた袁世凱は清に逃げ帰ってしまい、「日清戦争」に発展してしまいます。日本は「朝鮮の独立を守る」、清は「従属国である朝鮮に干渉するな」というのが大義名分ですから、国際世論は日本に好意的でした。結果は日本の勝利となり、下関条約で清と朝鮮の冊封関係の解消と朝鮮の独立が決められました。

日本に亡命していた朴泳孝らが呼び戻され、最初の憲法と言われている『洪範一四条』を発表したりしましたが、保守派の抵抗で日本の友好勢力による内政改革は進みませんでした。

こうした中で1895年、閔妃が暗殺されてしまいます。この事件については日本公使の三浦梧楼が関わったことは否定できませんが、日本人だけの犯行でないのもまちがいなく、現実に朝鮮側の裁判で実行犯たちが死刑の判決を受けたのち、謎の減刑をされています。また、主犯とも言われる禹範善は日本に逃げましたが暗殺されました。日本の超有名財界人夫人の祖父です。

大院君も含めて誰がどう関与しているのか、複雑に糸が絡み合って全容は謎のままですが、たしかな話は、事件ののち大院君が復帰して、親日的な金弘集《キムホンジプ》を首班に開化派の政府ができたことです。

親日派による〝改革〟は今度こそ断行され、断髪令と陽暦などが施行されましたが、頑迷な保守派の反発は強烈でした。旧習の撤廃は、それによって利益を得るはずの庶民も嫌がり、断髪令に対する蜂起が発生しました。特に、断髪令は朝鮮人にとってよほど嫌だったらしく、日本での同じ措置のように成功しなかったのです。

そして、地方での暴動を鎮圧するため首都が手薄になったところを狙って、李完用《イワンヨン》らの親露派が力を持ち、ロシア公使カール・イバノビッチ・ヴェーバーと示し合わせて、高宗をロシア公館へ移らせました。そして、金弘集は民衆によって撲殺されてしまいます。

これは、高宗が廃位や暗殺の危険を感じていたこともありますが、日本が立憲君主制への移行を推奨していたのを嫌い、君主独裁や皇帝一家の贅沢三昧を良しとするロシアのほうがお気に召していたことが決め手になりました。

そして、ロシア系の銀行、ロシア語学校、ロシア製の武器が導入され、ロシア主導で京仁鉄道（京城～仁川）の敷設権がアメリカに、京義線（京城～義州）がフランスに、咸鏡道の鉱業権や鴨緑江流域の伐採権がロシア人に売り払われました。ロシアが独占したわけでないのは、他国に売られた場合でも、ロシア人の顧問が莫大なリベートを手に入れられるようにしたからです。

金弘集の死後の朝鮮王国は、事実上ロシアの傀儡政権でした。ただし、ロシア公館における高宗らの贅沢な生活にはロシアも手を焼きました。

英米の支持で対ロシア戦争に踏み切った日本

この頃、アメリカ帰りの徐載弼《ソジェピル》ら開化派によって「独立協会」が創設され、李完用が会長になり、李承晩も参加します。

国の自主独立を願う独立協会は、清からの使節を迎える「迎恩門」を取り壊し、その跡地に「独立門」を建てました。日本からの独立を記念する門だと誤解する韓国人も多いのですが、これは日清戦争の結果として中国からの独立を果たしたことを記念する門です。ただし、ロシア人にデザインさせたのは日本に失礼でした。

さらに、ロシア公館に逃げていた高宗と皇太子を宮殿に戻す運動を進めて実現させます。そして1897年10月に高宗は国号を「大韓帝国」とし、年号を「光武」、王を「皇帝」としました。もっとも、李完用らは独立協会を利用し終わると脱会し、保守勢力として皇国協会をつくり、そちらを支援して独立協会を弾圧しました。

また、ロシアと日本は「西（徳二郎）・（ロマン）ローゼン協定」を結び、ロシアが旅順を租借したことなどを追認する代わりに、朝鮮における日本の優位を認めました。しかし、この協調も両国の勢力圏の境界を、日本は鴨緑江、ロシアは39度線（平壌と元山はこれより少し北）と主張したことで対立して暗礁に乗り上げます。

これに対して日本とイギリスの両国は、ドイツとロシアの台頭を懸念して、1902年に日英同盟を結び、ロシアの動きをけん制します。

その後も高宗は、日本の影響力を排除するために親ロシアの姿勢を崩しませんでした。しかも1903年にはシベリア鉄道が完成し、時間が経つにつれて満洲・朝鮮へのロシアの圧力が強化されることが確定的になったので、日本が今のうちにロシアと戦うことが国際平和のために好ましいと英米も強く後押し、結果として日露戦争に発展してしまいます。

もし、ここで日本にとって戦争以外の選択肢があるとすれば、39度線を境にしての韓国分割を飲むことでしたが、韓国にとって好ましいものだったとは思えません。

1904年2月、日本はロシアに対して最後通牒を送り、ロシア艦隊を攻撃して日露戦争が開戦しました。

日本は韓国政府に要求して日韓議定書を締結し、戦争遂行について全面協力を約束させ、さらに韓国は、同年8月には国政全般にわたって日本政府の監督を受けることになりました。日清戦争の結果として、朝鮮が日本の勢力圏における独立国として近代化することを英米など多くの国が望んでいたのに、高宗がロシアを招き入れて朝鮮半島が日露両国の対決の場にする、言わば自殺行為をしたのです。

日露戦争の再発防止のために朝鮮を保護国化

1905年になり、アメリカは日露和平交渉の斡旋に乗り出すとともに、ウィリアム・タフト陸軍長官を東京に派遣して会議録を両者が認証した「桂・タフト協定」を結びました。

「韓国が日露戦争の直接の原因であり、韓国が単独で放置されるなら、再び同じように他国と条約を結び、日本を戦争に巻き込むだろうから、日本は韓国がまた外国との戦争を日本にさせるような条約を締結できないようにしなければならない。日本はフィリピンに野心はない。極東の平和は日米英三国によって守られるべきであり、アメリカは日本の韓国における指導的地位を認めてほしい」という桂太郎総理の意見に対して、タフトは「日本が韓国の保護国となることが東アジアの安定性に直接貢献する」と同意した上でワシントンに訓令を求め、セオドア・ルーズベルト大統領の全面的支持を桂に伝えたのです。

また、日英同盟を結んでいたイギリスも、「韓国でさまざまな特殊利益を日本が持ち、日本が利益を増進するために必要な政策を取ることを認める」と支持しました。

1905年9月5日のポーツマス条約で「韓国の政治、軍事、経済上の特別権利が日本にある」とされ、日本は大韓帝国の保護権に関して国際的に承認を受けたのです。

この条約を受け、伊藤博文が漢城に赴き、「乙巳保護条約」が結ばれ、①日本の外相が韓国の外交を管理指示する、②韓国は日本を通さなければ国際的条約や約束を結べない、③韓国皇帝のもとに一名の統監を置く、ということになりました。韓国の保護国化です。

また、韓国では「一進会」という親日政党が結成され、この新体制を擁護しました。さらに各国の外交団は朝鮮半島から引き揚げていきました。

日露戦争でロシアが勝っていたらどうなったのかは仮定の議論でしかありませんが、おそらくロシアは満洲も朝鮮もロシア本体に併合したと思います。

ロシアは征服した国を丁寧に統治するような国ではありません。ヨーロッパでも中央アジアでも、ロシアのために必要な施設をつくって利用し、現地の人の暮らしはほったらかしにしておくのが通例です。朝鮮についてもそうしたのではないでしょうか。

しかし、こののちも、高宗はなおも抵抗を続け、1907年6月にオランダの首都であるハーグで第2次万国平和会議が開催されるのを機に、「乙巳保護条約は日本の脅迫によって締結されたもので無効だ」との趣旨を伝える密使を送りました（ハーグ密使事件）。

これは条約に違反した行為ですから、平和会議の議長であるアクサンドル・ネリトフ（ロシア代表）らには相手にされず、韓国代表団の出席も認められませんでした。

韓国統監府の統監だった伊藤博文は「韓国の立場をできるかぎり擁護しようとしてきたのに、条約に違反する行為は遺憾だ」と高宗を問責し、李完用らが皇帝退位へと動き、1907年に高宗は最後の皇帝になる皇太子（純宗）に譲位したのです。

つまり、朝鮮王国最後の国王は高宗、大韓帝国最後の皇帝は純宗ということなのですが、時々、混同する人がいます。

テロリストを英雄視する韓国の不見識

高宗は太皇帝となり、最後の皇帝で高宗と閔妃の子である純宗（在位1907―10年）が即位し、純宗の異母弟である李垠《イウン》が皇太子として明治天皇のもとで生活することになりました。明治天皇は韓国の皇太子をのちの大正天皇と同じ扱いをして大事にしました。

この頃、韓国皇帝の外交顧問だったアメリカ人のダーハム・ホワイト・スティーブンスがアメリカに帰国すると、「韓国民の生活は安定して日本の保護政策を歓迎している」と日本の保護国化を擁護したのですが、韓国系移民に暗殺されてしまいます。

また、伊藤博文は統監を辞して日本に戻っていましたが、ロシア蔵相との話し合いのため赴いたハルピン駅で、1909年10月26日、安重根に暗殺されました。

韓国の人が安重根を〝英雄〟と言う気持ちはわかりますが、伊藤は韓国に対して最も融和的な政策を一貫して主張し、保護国のまま近代化することを主張していました。しかし、その主唱者を失い、またこのような事件の再発を防止するには、より強力な治安維持策を講じるしかないという議論を正当化することで日韓併合を決定付けました。**安重根の行為に対し、伊藤が死の間際に「バカなやつじゃ」と言ったのはまさに正論でした。**

近年、ハルピン駅の現場に朴槿恵大統領から習近平主席への要望で記念館ができましたが、無条件に否定しなければならないテロに対して、「正しいテロ」もあると顕彰することは、なんとも不見識としかいいようがありません。

韓国では2015年には駐韓アメリカ大使への襲撃事件もありましたが、この犯人はかつて駐韓国日本大使に投石テロをしかけたというのに、執行猶予がついて収監されていませんでした。安重根というテロリストを民族的英雄に祀り上げている国なら、こうした事件が起きるのは必然です。

当時の朴槿恵大統領の両親も政治的動機から暗殺されましたが、良いテロと悪いテロがあると言う限りは、誰もが納得する悪いテロはないということになりますし、テロに走れば英雄になれると思う韓国人は今後も出現していくことでしょう。

中国政府も同様で、もし安重根が英雄というなら、中国の指導部を狙うウイグルやチベットのテロリストも英雄だということになってしまいます。天に唾するとはこのことです。

日韓併合は正当化できないが、原因をつくったのは韓国側だ

1910年5月に3代目の統監となった寺内正毅（のちに総理）は李完用と併合に関する協議を始めました。李完用は純宗に受諾させ、諸外国に通知し、軍隊を各所に配置したあと、1週間後の8月29日に発表しました。

内容は以下のようなものです。

①韓国皇帝はいっさいの統治権を完全永久に日本国天皇に譲与し、天皇はこれを承諾

する。

②天皇は韓国皇帝、太皇帝、皇太子などと、その後裔家や皇族の各々の地位に相当する尊称や経済的な手当を保証する。

③天皇は韓国人にも爵位を授与し、恩賞金を支給することとする。

④韓国人の身体および財産について保護を与え、福利の増進を図り、官吏として登用する。

これに従い、日本では純宗を「李王」と呼ばせ、皇族に準じて扱いました。琉球国王が侯爵だったのと比べて非常な厚遇です。また、朝鮮総督府を設置し、初代総督に寺内を任命しました。

この「日韓併合」は両国間において不幸な歴史ですし、日本人としては、原因が何であれ、意に反して韓国の独立を奪ったことは申し訳ないことだと私は述べました。

この併合については、やらずに済んだら良かったのにと思う一方、それではどの時点でどうすればよかったのかというと、説得的な反論を聞いたこともありません。また、当時の国際的な世論がこの併合を支持していたのも間違いないのです。

それでは、どうあるべきだったのかというと、理想論として言えば、朝鮮王国が日本にならって開国し、近代国家として改革を進めることでした。朝鮮王国にとっては日本というモデルがあったのですから、容易に進められたはずだったと思われます。

韓国はあまりにも外交が稚拙で非常識、そして、大院君と閔妃が自分たちの権力や贅沢な生活ばかり考えたために、近代化が妨害されました。

第五章

韓国近代史と日本統治の成果

伊藤暗殺で安重根は日韓併合を推進させた

日本統治時代の韓国は、しばしば「三・一運動」までの「武断統治期」、そのあと比較的自由な雰囲気のあった「文化統治期」、そして日中戦争が始まってからの「戦時体制期」に分けて論じられることが多いようです。

しかし、日露戦争後の1905年11月17日、第2次日韓協約によって、韓国の外交権を日本が回収、日本が韓国の保護国になりました。この時期も、不完全ながら日本は大韓帝国の内政に関与したので、**①統監府時代**、**②武断統治期**、**③文化統治期**、**④戦時体制期**の4つの時期に分けて論じるのが適当だと思います。

ここでは、まずは大きな流れを見て、そののち、いくつかの論点について考えてみたいと思います。

第2次日韓協約に基づいて統監および理事官が置かれることになり、統監府が京城に設置されて、伊藤博文が統監に就任しました。大韓帝国が被保護国となったことに伴い、欧米の外国公館もすべて廃止されました。

統監は日本政府の代表であり、必要に応じて、韓国守備軍への指揮権も付与されていました。

さらに、1907年7月には第3次日韓協約が締結され、その後も韓国の主権は縮小され、韓国併合直後の1910年10月1日に統監府は朝鮮総督府に改組されます。

初代韓国統監・伊藤博文は、コストに見合わないという理由も含めて併合には消極的でした。併合だと、内地と同等の生活水準などを目指さなければならないことになりますが、それは内地から多大な援助を行わない限り無理です。

この伊藤の下で、1907年に副統監となったのが、やはり長州出身でフランスに留学し、駐仏公使も務めた曾禰荒助《そねあらすけ》（外相など閣僚を歴任）です。そして、1909年6月には曾禰が第2代の統監となりましたが、その直後の10月、伊藤博文はハルビンで安重根に暗殺されます。これが最終的な引き金となって、日韓併合が断行されました。

これに先立って、曾禰は胃がんによって辞任に至り、後任には長州出身の軍人である寺内正毅《まさたけ》が就任していたので、その下で日韓併合の日を迎え、寺内は初代の朝鮮総督に横滑りします。

もし伊藤が生きていたら、どのような政策を採ったのでしょうか。伊藤は明治天皇に対して仕えたように、高宗や純宗に誠心誠意尽くしました。しかし、高宗はハーグ密使事件で日本との条約を守ろうとしなかったので退位してもらい、息子の純宗に代えられたのです。

統監時代の伊藤は、たしかに高圧的に振る舞うこともありましたが、それは、対等の立場で話し合うという習慣が少ない韓国人の国民性からして、そうしないと意見を受け入れられないと判断したからです。

伊藤は、日本から借款をさせ、韓国の近代化を進めさせました。特に、目賀田種太郎を財政監査長官として日本からの借款を組んで進められたインフラの近代化はまことに優れたものでしたが、現在の韓国ではそれまでも批判の対象にしているのですから困ったものです。

伊藤はまた、農業の振興や学校の建設を重点政策として大至急で進めさせました。そして、手早く条約改正交渉を実現するために、日本の法律の適用を進めました。外国人にも課税するには、不平等条約の改正が急務だったからです。

しかし、相変わらず守旧派の抵抗は強く、また親日的な人々の間でも党派争いが激しく、安定した近代化を推進できる基盤は容易につくれない状態でした。

そうした中で、当初は併合に消極的だった伊藤も、山県・桂・小村らが主張する早期の併合路線も選択肢のひとつとして否定できず、両にらみでいました。最後は併合を是認していたようですが、それでも朝鮮議会を設けるなど、帝国内の自治領的な形を構想した跡がうかがえます。伊藤にはイギリスの植民地統治にやや近いイメージがあり、一方の山県周辺は、フランスのイメージが強かったのかもしれません。

第3代の統監から、初代朝鮮総督となった寺内の統治は**「武断統治期」**と言われます。しかし、「武断」になるのは、当然のことでした。併合以前からの抗日運動もあり、また統治体制も十分に整備されていなかったので、言論や結社の厳しい制限で臨むしかなかったからです。

「憲兵」という言葉に「強圧的だ」と飛びつくのは愚か者です。フランスで警察制度を学んだ寺内がフランスの制度を導入しただけです。フランスは今も地方の治安維持は憲兵隊（ジャンダムルリー）が担っていて、警察より評判が良いのです。

寺内には「山県有朋の子分で保守派」というイメージがあります。しかし、山県自身が明治2年から1年以上にわたって西郷従道とともに渡欧し、各国の軍事制度を視察していましたし、その子分たちも留学組が主体で、本で読んだ理想だけしか知らない民権派より、彼らのほうがよっぽど国際感覚が豊かで、欧米の常識に通じていたのです。実家の姓は宇多田で、歌手の宇多田ヒカルの遠縁と言われます。

日本統治安定化のきっかけになった三・一運動

日韓併合への韓国内の反発はもちろんありましたが、むしろ意外に円滑でした。台湾を下関条約で譲渡された時には、台湾民衆の大変な抵抗にあって、てこずりましたが、その反省もあって、日本は慎重に朝鮮統治を開始したのです。

日本が朝鮮の保護国になった時期には、旧支配層の不満や朝鮮軍解散が原因となり「義兵」という形の抵抗がありました。日本の明治初期の不平士族の乱に似たものですが、民衆とは関係ないという限界もあったため、簡単に鎮圧できました。

台湾の場合は最初に騒動があったため逆にそのあとは平穏でしたが、朝鮮ではガス抜きがなかったので、そのマグマが高宗の葬儀を機に「三・一運動」という形で爆発したということが言えます。

もうひとつは時代的な背景です。清で「辛亥革命」（1911年）が起き、ロシア帝国でも「ロシア革命」（1917年）もありました。

韓国では、1919年に太皇帝の高宗が66歳で没しました。高宗の次男で、かつて純宗（李王）の皇太子だった李垠殿下が梨本宮方子《まさこ》女王と結婚することになりました。その留守中に高宗が脳溢血で亡くなったのです。

そこで、「高宗が日本の要求を拒絶したために毒殺された」あるいは「自殺した」といったデマが流れ、広まっていました。本当は、高宗はこの婚約を非常に喜んだと多くの人の証言にあります。韓国人の中には、喜んだふりをしていただけだと言う人もいますが、日本の皇室とつながることは、李王家や高宗の血筋の継続を保証するわけですから歓迎していたのは当然です。

ちょうどその前年の1919年には、在日朝鮮人学生たちが東京のYMCA会館に集まって早稲田大学に留学中の李光洙《イグァンス》が起草した「独立宣言」を発表していたのですが、この動きが伏線となって、宗教指導者たちが3月3日に予定されていた高宗の葬儀に合わせた非暴力の独立運動を企画しました。

その内容は、旧思想や旧支配層への回帰ではないと明確にされ、日本との友好関係も維持するという穏健なものでした。

3月1日に京城（漢城から改名。現在のソウル）のパゴダ公園（現・タプコル公園）で「独立宣言」を読み上げようとしましたが、騒動になることを恐れ、室内で33名の出席者だけで宣言を朗読して万歳三唱をし、そののち、彼らは自首をして逮捕されました。

しかし、計画の変更を知らない群衆がパゴダ公園に集まって市内をデモ行進し、人数も数万人にまでふくれ上がりました。さらに、運動は半島全体に広がって数カ月も続き、警察、村役場、小学校が襲われて放火や殺人も起きてしまいます。朝鮮総督府は警察に加え軍隊も投入しました。1万2668人が逮捕され、いくつかの不幸な事件も起きました。

「死者7509人」という数字が日本の教科書にまで使われますが、これは上海に亡命していた運動家の朴殷植《パクウンシク》が「真相はわからないが」という断り書きつきで書いたプロパガンダの数字で、なんの根拠もありません。朝鮮総督府が発表した357人が最低の数字ですが、それとかけ離れた大量の死者がいたという根拠は何もないのです。

韓国の人はまだしも、日本人がそもそも最初から事実に基づいて語られたわけでもないデタラメな反日プロパガンダの数字を書くのは、ちょっと許せません。せいぜい、「公式の犠牲者数は357人だが、確実なことはわからず、韓国ではもっと多かったと疑っている」というくらいにすべきでしょう。

この事件で懲役15年以上の実刑になった者はなく、3年以上の懲役が80名でした。朝鮮総督府はむしろ主導者たちの抱き込みを図り、独立宣言を書いた李光洙はのちに親日派に転向して東亜日報の編集局長や朝鮮日報の副社長となり、創氏改名の促進キャンペーンの先頭に立っています。

総括すると、「三・一運動」は高宗の死についてのデマがきっかけではありますが、世界的に広まった真っ当な民族自立への動きの一環であり、時代的なムードを背景に広範な支持を集めました。

また、それに対する朝鮮総督府側の対応も、非常に抑制されたものであり、むしろそれまでのやや強引な統治方針をソフトなものに転換する、いい機会として活用しました。

つまり、統治が安定するまでの過渡期的な強硬策を見直す良い潮時だったのです。

その意味においては、むしろ、半島における抵抗の時代の終わりを意味していました。

上海での大韓民国臨時政府の樹立

2017年12月、中国・重慶を訪問した文在寅大統領は「大韓民国臨時政府」庁舎跡を視察。「臨時政府は韓国の根っこだ」と強調し、韓国は中国での抗日活動を継承した国家だとの認識を示しました。これまた新たな歴史捏造の始まりです。

「三・一運動」を機に総督府は宥和政策を進め、終戦まで平穏な統治と朝鮮人の地位向上が図られたのですが、上海では李王家傍流の李承晩らによる大韓民国臨時政府が樹立されました（1919年4月13日）。

これ自体は、それほど注目されませんでしたが、戦後になって李承晩が政権に就いたことから、「これが大韓民国の建国である」などという空想的歴史観が生み出されたわけです。そして、サンフランシスコ講和条約の時も韓国は「戦勝国として参加させろ」と騒ぎましたが、相手にされませんでした。

現在の韓国の憲法前文には、「大韓国民は三・一運動で成立した大韓民国臨時政府の法統」を継承すると書かれ、大韓民国臨時政府を現・大韓民国の前身と位置づけていますが、朴槿恵政権で出された国定歴史教科書の検討本は、1948年を「大韓民国樹立」としていました。

ところが文在寅大統領は、ソウルで開かれた光復節（日本による植民地支配からの解放記念日）式典の演説で、「2年後の2019年は大韓民国建国と臨時政府樹立100年を迎える年」と言いました。

重慶での臨時政府の活動を重視し出したのは、この頃、李承晩がアメリカで活動し、金九ら左派が重慶で活動していたこともあり、そちらを上海以上に重視するということなのでしょう。

三・一運動を機に進められた「皇民化」

そして、三・一運動が収束したのちの**「文化統治期」**には、朝鮮人を主力にした警察制度が整備されて、地方レベルにおける民主的選挙の実現や積極的な経済開発が行われ、言論と結社の自由も大幅に緩和されました。それは、三・一運動でガス抜きに成功したからとも言えます。

そして「戦時体制期」においては、中国、特に満洲の開発は朝鮮の人たちにとっては〝日本人として〟満洲で優位を占めることができ、大きなチャンスとなりました。朴正煕元大統領が満洲国士官学校に進んだことはひとつの象徴です。

「内鮮一体」が叫ばれて「皇民化」が進みました。当初、朝鮮人は日本本土に移住することが制限され、徴兵の対象にはならず、朝鮮半島では総選挙も実施されませんでした。

徴兵の対象にならないことはメリットでもあったはずですが、あらゆる意味で内地人と同じにしてほしいという人も増えました。日本側の都合としても、戦争遂行に朝鮮の人にもっと協力してほしいというのもありました。また、日本語ができる朝鮮人がどんどん増えていきました。

「創氏改名」を行ったり、朝鮮語教育を縮小するようなこともありましたし、志願兵を募ったり、さらには徴兵制の実施や参政権の本格付与といったことも決定していきました。

しかし、朝鮮の人の誰もがそれに賛成するはずはありませんし、また「徴用」や「慰安婦」の問題が生じ、強制連行もあったのではないかという議論があるわけです。

また、日韓併合から終戦までの間、経済社会の近代化が徹底して進められました。庶民たちのメリットになりましたが、あらゆる近代化と同じように、旧支配層や変化の早さについていけない人などを中心に不利益を受ける人もいましたから、批判があるのは当然です。

朝鮮は本当に日本の「植民地」だったのか?

最近もしばしば朝鮮半島が日本の「植民地統治」だったのかどうかが議論されています。結論は簡単で、「植民地」という言葉は国際法上の法律用語ではないため、定義はそれぞれ使う人次第であり、それがはっきりしないのに議論を発展させても不毛だということです。

本土と同等の参政権を認められていない地域がそうだと言うなら、アメリカなら現在のハワイやアラスカには平等な参政権がありますが、プエルトリコやグアムのように参政権がない地域は植民地になります。しかし、広汎な自治が認められているから違うと言う人もいるでしょう。

明治憲法下では、国会開設時には北海道や沖縄でも議員を国会に送れず、少し遅れました。朝鮮についても早くから議論があり、1942年4月に内地に住む朝鮮人への選挙権付与が決まりました。

内地に住む朝鮮人は参政権を持ち、東京に進出して国会議員になった人もいましたし、朝鮮出身の貴族院議員もいました。その一方、朝鮮では内地籍の日本人にも参政権はありませんでした。その不均衡是正を図る予定でしたが、結局、終戦のため実施されませんでした。

内地ではさらに、朝鮮籍の職業軍人や高級官僚も採用され、出世頭の洪思翊《ホンサイク》は陸軍士官学校を1914年に卒業し、終戦時には中将まで昇進していました（戦後になって、不幸にもフィリピンでの捕虜虐待の責任を問われ、戦犯として連合国軍によって死刑にされましたが、多くの人が独立朝鮮の指導者としてもっともふさわしかったと証言しています)。

こうした地域を普通は植民地とは言いません。ただ、明治の日本には植民地を持ちたいという見栄のようなものがあり、桂太郎総理が国会で「植民地だ」と答弁したり、また、村山(富市)談話でも同様の言葉を使ったりしていますから、「植民地ではなかった」と言うと、日本政府は植民地と言っているでないかと言われてしまいます。

いずれにせよ、インドやケニアがイギリスの植民地だったのと同じ意味で朝鮮が日本の植民地だったのかというと、まったく別だったと言うことができます。どちらかというと、イギリスがアイルランドを、ロシアがポーランドやジョージアを、中国がチベットを領有するのに近いものでした。

特に朝鮮については、もともとの目的が経済面より国防上の要請に基づいたものでしたので、朝鮮が日本にとって頭痛の種にならないためには経済社会の近代化が一番良い手段だというのが基本理念だったのです。

「日本による朝鮮半島経営」が評価されない理由とは

ヨーロッパにおける経済社会の近代化は、ナポレオン戦争によるフランス軍占領のおかげでだいぶ進みました。しかしややこしいのは、結果として良い影響を及ぼしたことと現地での評判とは、まったく相関性がないことです。

それは国内でも同じです。例えば、戊辰戦争で負けた東北の各藩では、上杉鷹山の米沢藩のような例外を除けば、ひどい悪政で餓死者が続出していたほどだったのが、明治新政府になって民衆の生活は見違えるように改善されました。

ところが、士族たちは仕事がなくなったので、「戊辰戦争で恨みがある」とか「明治になって差別された」などと言っては、「薩長けしからん」と主張します。

しかも、武士たちの先祖はほとんど殿様についてよそから来た人たちであって、地元の人はほとんどいません。

また、武士の子孫の多くは東京などに出て行って地元にはあまり残っていませんから、現在の地元民はだいたい農民の子孫です。ところが、それでも、没落士族の怨みが地域で共有されているのです。

それはなぜか……と、私も考えたのですが、かつての負け組藩士が教師や言論人として地域に君臨し、彼ら自身が受けた不利益についての恨みを庶民にも共有させているのだと思います。何しろ教師と言論人は、没落旧支配層にぴったりの職業です。

こうした現象は韓国も同じで、日本統治により、庶民の生活は確実に良くなりましたが、両班などの特権は奪いました。日本統治の恩恵を享受したはずの庶民が、そのような旧特権階級の怨みを共有しているのは不合理ですが、古今東西に共通の現象ですから、仕方ないことなのです。

こういう不毛の問題を回避したいなら、主観的意図を問題にせず、客観的に結果で考えてみることです。「けしからん」vs「朝鮮のためによかれと思ってしたこと」という主観についての議論は堂々めぐりにしかなりませんが、「結果として朝鮮の人たちに利益、不利益をどう与えたか」を優先して議論すれば良いのです。

日本は朝鮮半島に素晴らしい鉄道網を建設しました。韓国人はその事実は争えないので、「軍事、治安上の要請に基づいて建設したのだから感謝する必要はない」と言いますが、感謝しろとまで言わず、結果として韓国の発展に役に立ったことを正しく評価してもらうように話を持っていけば良いと思います。

インフラについて言えば、道路、都市開発、防災、河川や農地の整備など、あらゆる分野で改善しました。しかも、内地より立派なものが多く、内地の開発が手薄になった弊害があったくらいです。

その時代の代表的な建造物に、威風堂々とした朝鮮総督府がありました。これは、金泳三大統領によって取り壊されてしまったのですが、李氏朝鮮の王宮である「景福宮」の前に建てたことが批判されていました。しかし、江戸城でも京都御所でも、また各地の城でも、都市の中心にある場合には、歴史的な施設を整理して、その跡地に新時代に必要な施設を建設するのは内地でも珍しいことではありません。

むしろ、総督府のかたわらに、景福宮などの歴史的建造物を保存したのは、韓国の伝統文化に十分な敬意を払ったと言っていいのです。

それを金泳三大統領が功名心で壊したのは実にバカげたことですし、逆に李明博市長（のちの大統領）が、逡巡した上でソウル市役所（旧・京城府庁）を残した英断は、実に感心なことでした。

素晴らしい人口増という事実と食糧事情悪化という誹謗

李氏朝鮮の人口は公式には600万人程度だったのですが、これは税や兵役逃れで過少申告していたとみられ、1906年の統監府の調査では1293万人となっています。日本統治下になってからは、1300万人（1910年）、1700万人（1920年）、2000万人（1930年）、2400万人（1940年）と順調に増加に転じています。さらに、このほかに327万人が、チャンスを求めて内地や満洲に移住しました。

米の生産は、1920年に1200万石だったものが、戦時経済に入る前の1937年には2000万石に増えました。

しかし、「米が庶民の消費に回る分は減った」という謂れなき都市伝説がはびこっています。米の生産が人口増加に追いつかず、また、内地に移出されてしまったからというのがその理由とされています。

その根拠とされるのが、東畑精一・大川一司が1935年に共同で記した有名な論文で、それによると、日韓併合直後に0・70石だった一人あたりの米の消費量が、20年後には0・45石に減ったと唱えています。このことは、韓国の歴史教科書でも強調されています。しかし、東畑らは1939年にこの数字が誤りだったことを認め、それぞれ0・59石と0・55石で、20年間ほぼ横ばいであったと修正しました。また、同じ時期には、肉や魚介類の消費が伸びており、消費カロリーで計算すれば落ち込みはないことが明らかになっています。

例えば、日本でも江戸時代に比べて現在では米の消費量は数分の一になっていますが、それは食生活が変化しただけのこと。いずれにせよ、あまり意味のある数字ではないのです（このあたり、木村光彦氏著『日本統治下の朝鮮―統計と実証研究は何を語るか』〔中公新書〕を参照）。

土地問題や農地については、土地制度を近代化する過程で日本人による収奪が行われたと言う人がいますが、内地における土地制度の近代化に比べて特別なことをしたわけではありません。また、朝鮮総督府の所有になったとしても、そこで得られた利益を内地に持って帰ったという事実もありません。逆に、日本の財政から見ればひどい輸出超過であって、それは総督府の予算として朝鮮の発展に使われただけでした。

もちろん、内地においても大正から昭和にかけて大地主を主体とした政党政治が進展するにつれて政友会などに属する地方名望家の発言力が強まり、藩閥政府時代に比べて彼らの利益になる政策に傾斜していた傾向はあります。ですから、それと同じ傾向が朝鮮でもなかったかというと、完全には否定できません。しかし、これも日本が収奪したということではありません。

いずれにせよ、日本統治下の朝鮮では、産業構造に占める農業の地位は内地と同じように下がりましたが、優れた農業土木技術の導入や、新しい品種の改良などもあって、朝鮮の農業は大発展し、また、内地に移出する一方、満洲などから食料も輸入されて、食生活は改善していきました。

さらに言えば、日本統治のもとで賤民の解放など社会的平等化も進みました。それについて、「たしかにそれ以前は苦しかったけれども、朝鮮の農民はそれなりに生活していた。日本の統治下で、昔に比べてずっと不安定な生活に陥れられた」などと主張する人がいます（特に日本の左翼的な人の中に多い）が、それは江戸時代の農民やアメリカでの南北戦争以前の黒人奴隷などのように、前近代礼賛論に共通した物言いです。

ハングルを普及させたのも〝皇民化〟による教育？

伊藤博文は、教育、特に小学校について力を入れるように指示しました。日本に寄る統治が始まる前はほとんどゼロに近かった就学率が、終戦の頃には男子は76％、女子は33％に達しました（国民学校への就学率）。

現在、韓国の歴史教科書では、当時の就学率が日本人に比べて低かったことばかりを強調していますが、40年ほど先行して近代教育が始まった日本から来た人たちは、本土並みの教育水準をこどもに望むのは当然ですから、結果として朝鮮の人と差があるのは当然のことです。ですから、そういう比較自体が悪意に基づくものなのです。

40年の遅れではありましたが、着実な進展でした。第二章で紹介した朴正煕の場合も親の反対を官憲に半ば押し切られて就学させられ、そこで才能を見出されて師範学校、さらには士官学校に入学して職業軍人となったのです。そうした強制的に近い就学を悪政だと言われても困ります。

さらに識字率の向上という観点から見ると、このようなこともあります。

教育について、日本の江戸時代と李氏朝鮮を比べると、日本では学校教育の普及は遅かったのですが、天保期（１９３０年代ごろ）から藩校や寺子屋が全国に設けられました。藩校は上級武士の子弟が対象で漢文が主体で算数などは教えず、寺子屋では仮名と初歩的な漢字程度に簡単な算術などを教えており、もし、仮名だけについて言えば、半数程度の人が理解したと思われます。

それに対して、朝鮮では草堂と言われる小規模な寺子屋が、各村落にあったのですが、ここで教えられたのは漢学であって、その意味では藩校と似ていました。ハングルについては、家庭などで教えて理解する人はいたでしょうが、それほど高い割合ではなかったようです。

日本統治下の学校教育では、最初はハングルから始めてハングル漢字交じり文や簡単な漢文、そして仮名などを教え、徐々に日本語に重点を移していったようです。朝鮮人からは、朝鮮語の教育は廃止して、日本語に統一したらどうかという声もありました。奇異に感じられるかもしれませんが、上級学校に進むために不要な朝鮮語に時間を使わずに、日本語の能力を磨いたほうが有利だと考える人も多かったのです。

朝鮮語は日本がコリアン民族のために創った贈り物だ

高等教育の発展にも日本は尽力します。京城に帝国大学が設立されたのは1924年。なんと、大阪や名古屋より先なのです。当初は朝鮮人で中等教育を受けていた人が少ないことを反映して、日本人学生のほうが多かったのは仕方ないことで、1937年には朝鮮人学生が3割、その5年後には4割と順調に伸びていました。研究機関でもある帝国大学が京城にあった——そのことが朝鮮社会に大きな波及効果をもたらしたことは言うまでもありません。

朝鮮で識字率向上のために力を尽くした人物に井上角五郎という人がいます。福澤諭吉門下の井上は、1886年に『漢城周報』という新聞を創刊し、漢字とハングルを混ぜて書く国漢文を創り出しました。ハングルの活字も日本人の職員が作成したもの。「日本人は併合によって朝鮮語を破壊した」などと言う人がいますが、それどころか、**書き言葉としての朝鮮語を創始したと言っても過言ではないのです。**

ところが韓国人の中には、日本の仮名や書き下し文のルーツは新羅だと強弁する人がいます。万葉仮名的な「吏読」を使って新羅語の書き下しを試みた痕跡があるという主張ですが、見つかっているものはほんのわずかしかありませんし、日本より時期の遅いものばかりです。新羅が日本を真似たけれど、普及しなかったと考えるのが自然でしょう。

ハングル発明時も、文明国なら漢文以外の言語で文書を作るのはあり得ないと知識人たちが反対して排撃されたことはすでに書いたとおりです。朝鮮では、漢詩も中国語を朝鮮風の発音でそのまま読んでいただけで、書き下し文で詩吟などはしません。

ですから、井上角五郎による国漢文の開発も、日本語の書き下し文の仮名をハングルに置き換えたようなものにならざるを得なかったわけです。この時はまだ朝鮮王国に日本人が協力する形でしたが、日本統治下において、漢字ハングル交じり文が普及したことは言うまでもありません。

こうしてできた朝鮮語の書き言葉は日本語に似たものだったので、日本語の読み書きを習得する役にも立ちました。それでまた、「日本がハングルを普及させたのも皇民化を進めるためだった」などと言われるのですが、どっちにしても書き言葉としてきちんと成立していなかった朝鮮語が、日本人のおかげで言語としての体をなしたことは間違いありません。

戦後、北朝鮮では金日成の、韓国では朴正熙のイニシアティブで漢字を追放しました。いずれも中国への根強いコンプレックスを日本統治下の努力によって払拭してきたからこそできたことです。

「創氏改名」名前を奪ったわけではない

韓国の人が日本の悪行のひとつとして必ず挙げるのが「創氏改名」です。1939年、本籍地を朝鮮に有する日本臣民（いわゆる朝鮮人）に対して、新たに「氏」を創設させ、また「名」を改めることを朝鮮総督府が許可するとしたことを指します。

朝鮮総督府が皇民化のために朝鮮の伝統を無視して実施したというのは間違いです。その一方で、現場ではかなり不適切な事例が生じたこともまた事実です。

現在の日本人の氏名（姓名ではないことに注意してください）は、1873年の戸籍法の制定で決められたもので、「日本人も西洋式のファミリーネームとファーストネームからなる名前にしましょう」という趣旨でした。朝鮮における創氏改名も、それと同じように西洋式にしようとしただけです。

朝鮮の「姓」は李や金などそれほど数が多くないのですが、これは日本で言えば源平藤橘のようなものです。「創氏」とは徳川や島津といったものにあたる「氏」を創ることですが、半島における特別措置として、本来の姓を戸籍上に残す配慮もきちんとしています。

また、李などをそのまま「氏」にもできました。改名は「名」を変えることを許すことで、いずれについても、それまで禁じられていた日本風の名を朝鮮人が付けることが容認されたということです。

しかし、一部公務員などに創氏するように強い誘導がなかったのかと言えば、残念ながらそれはかなり広範にありました。また、伝統的に夫婦別姓の社会で同姓にしろといえば猛反発が出ないはずはありません。

この問題についても、悪意の有無で争うのでなく、実際にどの程度に不適切な事例があったのか、誰がそうしたかを冷静に議論すべきだと思います。

韓国の都合で永遠に解決しない慰安婦問題の今

慰安婦問題は、日本軍に問題がなかったのではありません。ただ、恥ずかしい事件は、東南アジア方面においてのものです。オランダ人女性に対する暴虐は弁解の余地がありませんし、よく引き合いに出される中曽根康弘元総理の手記にある慰安所を軍が自分でつくっていたなどというのも南方の話です。

いずれにしろ、軍や官憲が強制連行したなどという事例は、半島ではひとつたりとも見つかっていませんし、おそらくないのでしょう。ましてや軍が組織的に不適切な募集を命令したこともありません。

ただ、保守派の人は「『不適切な募集をするな』という指示を軍が出している」と言いますが、それは、軍が不適切な事例を知って対策を立てたことを示しています。おそらく、不適切に騙されたり、ひどい甘言を弄されたりして慰安婦として働かされている女性を、それなりに見つけたのでしょう。そこで、「これからはそういうことをするな」という指令を出したようです。

しかし、気がついたのなら、ただちに、そういった女性を組織的に救済したり、不適切な募集に関わった業者や、それを見逃した人間を処罰したりすべきでした。

事を荒立てるのが嫌いな日本人のやりそうなことですが、それは、欧米人などの前での議論では不利になります。

また、欧米での売春は、女性が自分の意思ですることが多いのですが、東洋では家のためにというケースが多い。また、どういう仕事をするか親はわかっていても娘には言わないとか、曖昧にことを進めることが多いのです。そのあたりは、西洋人に事情を説明しても、だまして売春させたと言われます。

もっともそれは、韓国の社会一般に戦後も多く存在したことですが、それもあまり理解される弁解ではありません。

日本でもそうした女性の提供をアメリカ軍から望まれて斡旋しています。しかし、そういう時に、アメリカ軍は直接、関与しないように細心の注意を払っています。関与したとなってはまずいからです。その点、日本軍は、「建前はともかく、女性たちが気の毒なことにならないように軍が助けたほうが良い」などと、妙な親切心を発揮したのも確かなのです。

しかし、そうはいっても、本件についての韓国政府のやり方はえげつなさ過ぎます。

2015年の12月、両国政府は「最終的かつ不可逆的に解決させること」で合意し、日韓の外務大臣が共同記者会見で発表しました。

岸田文雄外務大臣は、「当時の軍の関与の下に多数の女性の名誉と尊厳を深く傷つけた問題」とし日本軍の関与があったことを認め、「日本政府は責任を痛感している」「安倍首相が日本国首相として心からおわびと反省の気持ちを表明する」「韓国政府が設立する財団に10億円を一括供出することを表明し、名誉と尊厳の回復、心の傷の癒やしのための事業を行う」と約束しました。

韓国の尹炳世《ユンビョンセ》外務大臣は日本政府の措置を評価した上、在韓国日本大使館前の慰安婦少女像は「関連団体との協議等を通じて解決に努力する」としました。また両外務大臣は、今後、国連など国際社会で、本問題について互いに非難、批判することを自制するとしました。

韓国側が求めていた日本政府の「法的責任」については触れないものの、当時は韓国でも評価する声が多く、欧米でも米国政府の意向が反映されたとして歓迎していました。

しかし、韓国挺身隊問題対策協議会（挺対協）など元慰安婦の支援団体からは「被害者無視の屈辱外交」と批判され、慰安婦少女像の撤去も進みませんでした。

新しい「和解・癒やし財団」は合意時に存命していた47人の元慰安婦のうち36人が給付金を受け取る意思を示し、34人が受け取るなどしました。

ところが、文在寅大統領になったら、「外交で解決される問題ではない」と主張し、合意破棄や再交渉は求めないとしながらも、合意を無効化しようとして、財団を解散してしまいました。

あきれた限りですが、日本は誠意を持って対処したことですから、韓国に対する「貸し」にしておくしかありません。徴用工の問題について、同様の財団の設立を求める声もありますが、悪い前例があるので、断りやすいということには役立っています。

また、日本人としては、韓国が古くから美しいという評判の女性たちをさまざまな形で輸出してきたではないかというのも言いたいところですが、その言い方も難しいところです。私はまず、日本でそうした仕事をしている韓国人の女性を徹底的に取り締まって送り返し、それが世界に報道されることが一番のプロパガンダだと思います。そうしたところで、誰も文句は言えないでしょう。

朝鮮史

1392年	高麗滅亡 李成桂による朝鮮建国
1443年	訓民正音（ハングル）創製 嘉吉条約を対馬の宗氏と結ぶ
1504年	甲子士禍で燕山君が 大量処刑を行う
1510年	三浦の乱 日本人居留民の暴動
1592年	文禄の役
1597年	慶長の役

1607年	朝鮮通信使始まる
1636年	丙子胡乱で清に屈服
1644年	明の滅亡
1811年	最後の朝鮮通信使対馬へ
1863年	高宗即位し大院君実権を握る
1866年	仏米を撃退
1868年	明治維新
1873年	閔氏政権成立
1876年	日朝修好条規締結
1881年	日本へ使節派遣

1882年	壬午軍乱 旧式軍隊の反乱 米・英・独と通商条約締結
1883年	太極旗使用
1884年	金玉均らの甲申政変
1885年	巨文島事件
1894年	東学農民の乱と日清戦争
1895年	王妃閔妃暗殺
1896年	国王をロシア公使館へ移す
1897年	大韓帝国成立
1905年	日露戦争と保護国化 日本、竹島(独島)の占有権を公示
1906年	統監府設置

1907年	ハーグ特使派遣 純宗即位
1909年	安重根、伊藤博文射殺
1910年	韓日合併条約調印
1911年	辛亥革命
1919年	三・一独立運動
1924年	京城帝国大学創立
1933年	ハングル綴字法統一案制定
1938年	ハングル教育禁止
1939年	国民徴用令実施
1939年	創氏改名公布
1942年	朝鮮での徴兵制実施
1945年	参政権認める 終戦

第六章

韓国より北朝鮮のほうが付き合いやすい!?

北朝鮮が韓国より豊かだった時代

〝ならず者の独裁国家〟のイメージが定着した北朝鮮ですが、1970年頃までは「韓国より北朝鮮のほうが政治的に成功し、豊かだ」と言われていました。それがなぜ落ちぶれたのか——これを最初から勘違いだったのだと言うのは簡単ですが、そんな単純なものではありません。

読者の皆さんは、北朝鮮への罵詈雑言はさんざん聞いておられるでしょうから、ここではあえて一方的な袋叩きを控えて、冷静な観点から北朝鮮問題を考えてみたいと思います。どうも日本人のイメージは「南に甘すぎ、北には厳しすぎ」の傾向があります。

北朝鮮はある時期にあって「地上の楽園」だと宣伝されていました。もちろん、朝日新聞をはじめとする「偽リベラル系メディア」の極端に、美化された宣伝があったのは北朝鮮に限らず、ソ連や中国についても同じでした。しかし、当時は日本ですら社会福祉の水準が低く、社会主義国の福祉水準をうらやましく思っていたくらいですから、今日の感覚で考えるほどひどい嘘だったのではありません。

1959年からは在日朝鮮人の北朝鮮への「帰還事業」が始まりました。「帰還」とは言いますが、在日朝鮮人のうち北出身者は実は数%しかいないと言われています。なぜかと言うと、北の人が出稼ぎに行くとすれば日本内地でなく、実は満洲だったからです。

在日の人の大部分は慶尚道や済州島出身の大阪周辺で働いていた人です。強制連行などではなく、チャンスを狙って来たのです。また、戦後に密航して来た人もいます。その中には日本人になりきりたいと思っていた人も相当多かったのです。ところが戦後、朝鮮籍の人は自動的に日本籍を失ってしまいます。気の毒なことに選択肢は与えられませんでした。引き揚げてきた日本人を養うだけでも大変だったのと、日本人が引き揚げさせられたこととのバランスでそうなったのですが、日本人になりたいと思っていた親日派の人には本当に気の毒なことをしました。

併合後に成長した在日朝鮮人の人には、日本語しかできないのに日本国籍はなく、そのせいもあって就ける職業も限られるという苦境に立たされました。また、貧しいために高校に行けない人がほとんどでした。

ところが、韓国の李承晩政権は在日の人の帰国を拒否したのです。また、民族教育を助けることもありませんでした。

そんな時に、労働力不足という事情はありましたが、北朝鮮は朝鮮学校を運営するなど民族教育に熱心に取り組みました。初めは公立校で特別クラスをつくったりしましたが問題も多かったので、別に朝鮮学校をつくることは日本側も歓迎していました。その結果として、在日の人の4割ほどが朝鮮籍となり、朝鮮学校で多くの人が学び、また子どもを高校に行かせたいから北に行きたいという人も多かったのです。

そして、同胞の「帰国」を歓迎したのですが、日本側としても、在日の人、特に左翼的な思想を持つ人たちが出国してくれることは大歓迎だったのです。

しばしば、帰還事業そのものを誤りだったと批判する人がいますが、私はそれは間違いだと思います。本来であれば李承晩が在日同胞の帰国や地位向上のためにすべきだったことをしなかったのですから、日本政府や北朝鮮が「帰国」という道をつくったことが誤りだったとは思いません。

しかし、李承晩が退場して朴正煕が登場してから、韓国があらゆる意味で先進国への着実な道を歩み始め、それを見た北朝鮮が焦って誤った方向へ走ってしまいます。

1970年代以降に北朝鮮経済が不調になったがゆえに、北へ帰った人の大半にとって、結果として不幸な選択になったと言うべきです。

日本からの仕送りの大きな割合が日本政府によってピンハネされているということが批判の対象になります。しかし、仕送りをそのまま家族だけに渡したら、在日同胞を持つ家族だけが北朝鮮社会の中で極端な富裕階級になってしまうという問題もありますので、度が過ぎなければ所得税、あるいは贈与税的なものと考えればある程度は仕方ないのかもしれません。しかし、それが核開発に使われたりすると仕送り自体を認めがたくなるのは当然でしょう。

北朝鮮を理解するための戦後史を復習

金日成は平壌で生まれて（異説あり）満洲で育ち、対日パルチザンに参加していましたが、目立つ存在ではありませんでした。しかし、1940年頃にソ連に移り、そこで本格的な指導者としての訓練を受けました。

1945年の10月に元山港にソ連船で現れ、1946年2月8日に臨時人民委員会の委員長に選ばれました。そして土地改革で支持を広げ、1948年9月の最高人民会議でトップに就き、9月9日に「朝鮮民主主義人民共和国」の建国を宣言しました。

その後の、朝鮮戦争の勃発と停戦までの経緯は、第二章で説明したとおりです。

北朝鮮のほうが韓国より好調だったのは、もともと日本が鴨緑江に築いていた水豊ダムによる水力発電をはじめとしたインフラが充実していたことに加え、韓国が「腐敗した資本主義」だったのに対し、北が「統制の取れた社会主義」だったからです。

一般に社会主義経済は目標が単純であれば合理的な経済政策として機能するものです。そして、朝鮮戦争でアメリカを相手に互角の戦いをしたことで、反帝国主義者のアイドル的存在となり、非同盟外交の舞台でも活躍しました。

また、世界のVIPを「おもてなし」するのが上手で、あの見事なマスゲームでの歓迎は大好評でした。カンボジアのシアヌーク殿下が長年ここで亡命生活を送ったことでもわかるように、生活環境も良かったのです。

しかし、1970年頃から、韓国の躍進が始まり、北朝鮮は苦境に陥ります。北朝鮮経済には「千里馬運動」というのがあります。常識を超えた生産性の向上を目指した運動で、それなりの成果が上がることもありますが、オーバーペースで頑張れという精神論に陥りやすく、その結果、人も設備もへばってしまいました。

農産物を連続して栽培したら、収量は一時的には増えますが、地味は落ち、土地改良が必要になります。日量1万トンとされるプラントをフル稼働したら2万トンくらい生産できるかもしれませんが、機械に負担がかかり、早く傷んでしまいます。

アメリカとソ連との間の緊張が緩和された中で、72年には南北対話が行われ、「南北共同声明」が出されました。この際、高官の相互訪問がそれぞれの政治・経済に影響を与えました。

北は浦項製鉄所のような韓国の近代工場が日本の協力で建設されたという事実に衝撃を受け、日本やドイツからプラント輸入をします。しかし、唯物論の教条主義的解釈で、メンテナンスの代金を払わず、錆び付かせたりして債務が残るという結果に終わりました。

一方、韓国は北の農村が豊かなことに驚きました。北では集団化などがまずまず上手くいっていたのです。そこで始めたのが韓国の農村振興運動「セマウル（新しい村）運動」で、これは成功したと言われています。

こうして南北逆転は恒常化していきます。焦った北は、1983年、ミャンマーでの工作員によるラングーン爆弾テロ事件、ソウル五輪の開催を翌年に控えた1987年の金賢姫《キムヒョンヒ》らによる大韓航空機爆破事件などを起こしました。

北朝鮮は高い外交力でアメリカと互角に渡り合い、朝鮮民族の歴史の中で最高の栄光を手に入れたのかもしれません。

しかし、その成功に酔っている間に、経済的に多くのものを失ったのです。1965年、日韓国交回復の時、北朝鮮は賠償が含まれていないことを非難しました。そのことは韓国内で圧倒的な支持を得ましたが、名を捨てて実を取ったこの選択の結果、韓国経済は「漢江の奇跡」を実現したのです。

拉致問題の解決なくしての経済協力は絶対にない!

ソウル五輪開催に水を差すように起こったのが「大韓航空機爆破事件」でした。実行犯のうち、金賢姫が自決し損なって逮捕されたことから、北朝鮮によるテロ事件であることが判明しました。

しかし、その副産物として、金賢姫が日本から拉致された田口八重子さんに日本語教育を受け、日本人になりすましていたことを証言したので、「日本人拉致」が疑いから確信に転換し、日本国内の親北勢力に致命的な打撃を与えました。

拉致の全容は明らかになっていませんが、1976年に金正日が工作員の現地化教育のために外国人を積極的に拉致するよう指令したことです。東京学芸大学学生の藤田進さんを拉致したのを皮切りに、横田めぐみさんなど、翌年には田口さん、地村保志さんと富貴恵さん、蓮池薫さんと祐木子さん、曽我ひとみさんなど、そして1983年にウィーンから騙されて拉致された有本恵子さんらが被害にあっています。もっと多くの被害者がさらに長期間にわたっている可能性も高いのですが、確証があるのはそれだけだということです。

金賢姫の証言以降は、拉致問題の解決が日本人にとって最大の関心事になったのですが、1990年に自民党と社会党合同の「金丸訪朝団」が平壌へ行きました。金丸信はマスゲームで大歓迎されて気持ち良くなったのか、軽率にも戦後賠償（戦後に新たに生じた被害への補償）まで承知してしまったのです。

これでは南北分断にも日本の責任があることになり、日本は絶対に受け入れられない話でしたし、そもそも拉致問題に触れなかったことに国民も納得しませんでした。

外務省は、金丸氏の約束といえども無視するしかなく、1992年の協議でやや強引に拉致問題を持ち出したら交渉は止まり、さらに1994年の金日成の死で店晒《たなざら》しになってしまいました。

この問題が再び動き出したのは、1997年の森喜朗や野中広務らの訪朝団が「行方不明者問題」ということで現実的なアプローチをしてからのことです。

そして、それが下地となって2002年の「小泉訪朝」になります。この時、小泉純一郎首相と金正日国防委員長の間で「日朝平壌宣言」が合意されました。

宣言内容は、以下のとおりです。

①日朝国交交渉を再開し、国交正常化を早期に実現させる
②日本は過去の植民地支配を謝罪し、国交正常化後は経済協力を実施する
③国際法を遵守し、互いの安全を脅かす行動を取らない
④朝鮮半島の核・ミサイル問題については、対話での問題解決をはかる

また、北朝鮮は日本人拉致の事実を初めて公式に認め、5人の生存を認めるととも

に「8人死亡、4人未入国」として謝罪しました。

しかし、渡された遺骨が偽物であることがわかって、北朝鮮が「拉致を認める」という思い切った決断をしたおかげで劇的に状況が改善するはずが、かえって日朝国交回復のめどが立たなくなってしまったのです。この結果は、北朝鮮からすれば明らかに大失敗でした。

日朝平壌宣言では、北朝鮮は「拉致問題や核・ミサイル問題の解決」を約束し、日本は「国交が回復したら韓国にしたのと同等の経済協力」を約束しました。その金額は、貨幣価値の変動などを考慮すると「一兆円程度」などと言われました。

と言うことは、日本は拉致問題や核・ミサイル問題が解決したら、一兆円かそれ以上の経済協力をする道義的責任はあります。ただし、条件が満たされたかどうかを決めるのは日本です。その意味では、日本の立場は強いので、慌てる必要はありません。

ですから、北朝鮮に対して「核の完全廃棄が実現した後でなければ、経済協力は絶対にしない」と強く言うべきなのです。

北朝鮮の「拉致は解決済み」は気にしなくていい

2018年の世界的なビッグニュースに、6月12日にシンガポールで行われたトランプ大統領と金正恩による史上初の米朝首脳会談がありました。

拉致問題に何か劇的な変化を期待していた向きには目立った成果はなく、物足りなく感じるかもしれません。しかし、それ以後の北朝鮮の動きは明らかに温和になり、挑戦的な言動も控えられるようになりました。

当初、平壌放送では「日本だけが無謀な対朝鮮（北朝鮮）強硬政策にしつこくしがみついている」、「国際社会が一致して歓迎している朝鮮半島の平和の気流を必死に阻もうとする稚拙かつ愚かな醜態だ」、「日本は既に解決された『拉致問題』を引き続き持ち出し、自分らの利益を得ようと画策している」などと報じられました。

そのため動揺した日本人の中には、「北朝鮮には交渉する気など何もないし、安倍首相が金正恩に会う意味もない」とか、さらには「トランプは本当にきちんと金正恩に言ったのか」と疑問を呈する声もありました。しかし、それは問題の全体像をきちんと見ていない野次馬的な見方に過ぎません。

まず事実関係ですが、トランプ大統領は「アメリカは制裁解除まではできるが、経済再建のための金を出せるとしたら日本だから、安倍首相と話し合うしかないよ」とビジネスマンらしく言い、さらに「安倍首相にとっては拉致問題が大事だから、彼の希望に添わないと経済協力なんかできないと思うよ」と言ってくれました。

それに対して、金正恩は「解決済みだ」とか「自分にやれることは何もない」とは言わなかったのです。

それなら金正恩はすぐに安倍首相と会って、被害者を帰せばいいではないかということになりますが、問題はそれほど簡単なことではありません。

拉致問題に関しての日本側の要求は、**①全員生きて返せ**、**②拉致の経緯含めて真相解明しろ**、**③関係者を処罰しろ**——の3つです。

しかし、被害者家族も高齢化する中で、日本側もただただ強硬な姿勢を貫けば良いのかというと、そうではないと思います。ある程度、名を捨てて実を取る決断をしなければいけない局面も出てくるのではないでしょうか。

では、日本側の要求を精査しましょう。

まず、①の「全員」とはなんでしょう。すでに北朝鮮が拉致を認めているものの、すでに亡くなっていると主張している人はともかく、拉致を認めていない人はどうするのでしょうか。その中には曽我ひとみさんのお母さんも含まれています。

また、全員ご存命なら良いですが、中には本当に亡くなっている人がいるかもしれません。

被害者の生死については、前回と違って、きちんとした経緯の説明があったり遺骨が提供されたら良しとするのでしょうか。また、本人は亡くなっていても子どもがいる場合はどう扱うのかも課題です。
②については、どのような機関や個人がどう関わったかを、どの程度まで明らかにすれば良いのか、基準が明確ではありません。
これは、現在も動いているかもしれないスパイ機関の秘密を伴うこともあるでしょうし、なんと言っても首謀者である金正日はすでに死んでいますから、真相解明といってもかなりハードルが高いわけです。
③の関係者処罰は、金正日が死んでいるのですから、最高権力者の処罰にまで踏み込まなくてよくなりました。しかし、現役の政権幹部も絡んでいるでしょうから、こ

れは容易ではありません。

そうした中で、例えば、金正恩から公式の謝罪があれば良しとするのかも課題となります。もしかすると、戦前のことなど持ち出して、「日本側も時効などと言わずに関係者を処罰しろ」と言い出すかもしれません。

以上のようなことを北とどう折り合いをつけていくのかがこれからの課題となります。そんなわけですから、北朝鮮が「解決済みだ」とジャブを出してくるのは特別なことではなく、それをあまり気にすることはないでしょう。

そして、これからどうしていけば良いかについては、蓮池薫さんの意見が非常に合理的だと思います。

拉致被害者である蓮池薫氏の解説に北朝鮮問題打開のヒントが！

米朝会談前に、拉致被害者の蓮池薫さんは朝日新聞の取材に対し、

①北朝鮮は、下手な言葉で挑発するやり方はトランプ政権には通用しないと思い直し

たかもしれない
②日本が圧力重視の立場であることは、今はそれでいい。非核化であいまいな合意をしたら、交渉全体が挫折してしまう。核問題でしっかり米朝が合意した後で、日朝交渉に進めばいい
③日本は『拉致問題が解決するまでは支援に参加できない』という原則を強調すべきだ。拉致問題の解決は、すべての拉致被害者を救い出すこと
④どこかのタイミングで日本も態度を転換する必要が出てくる。米朝が何らかの合意をしたら、日本も歓迎し、その後のプロセスに関与していくことだ
⑤安倍首相は、家族会の一人ひとりに会って話を聞いており、中途半端な解決でお茶を濁すことはできない。これまでの経緯もよくご存じで、北朝鮮が何を望んでいるのか、ダメだった点はなぜダメだったのか、十分にわかっている。北朝鮮も安倍さんについては『だませない』との思いがある
ということを答えています（「米朝会談前に蓮池薫さん語る　拉致解決の鍵は２つの備え」朝日新聞デジタル２０１８年6月7日）。

これは、まことに正論であり、私のかねてからの意見とほぼ同じです。安倍首相の

方針もだいたい支持されているようで安心しました。

このほかにも、注目すべき指摘がありました。

⑥従来の米国と違ってトランプ米大統領は『北朝鮮を完全に破壊する』と強い言葉で非難し、制裁強化などをした。北は核兵器が完成しても体制の安全は確保できず、経済の立て直しも困難と判断した

⑦北朝鮮の悩みは電力不足。効率のいい石炭火力や送電網の整備を日本が提供するのはあり得る

⑧金正恩が、国内を説得できる形が必要だ

⑨金正恩は父・金正日の時代よりも自由市場をうまく利用している

⑩戦端が開かれれば、『敵か味方か』の論理に社会が極度に支配された状態で、北朝鮮政府が日本の拉致被害者を生かしておこうと思いつづけるのか危惧する

いずれも納得できる内容です。ちなみに、私の北朝鮮問題についてのポジションは、以下のとおりです。

これまで中国・韓国・ロシアなどに仲介を頼むといったことを日本がしてきたのは賛成できません。彼らが真剣に交渉してくれるはずがないので、北と直接に話さない

と解決はあり得ないでしょう。

ただ、金正恩になってからは核問題が焦点になっており、日本は拉致で満足いく反応を得ても制裁を解除できません。その意味では、直接の交渉でやれることは限られています。

こういう状況では最大限の圧力をかけて核問題を一挙に解決しようというトランプ大統領の方針は願ったりかなったり。安倍首相はトランプのアドバイザーに徹するとともに、「核が解決したら日本はアメリカに負担がないように北に経済協力をするつもりだが、拉致も一緒に解決しないと参加できない」と明言し、トランプが金正恩に対して「拉致でも安倍の希望を叶えろ」と言わせるのに全精力を傾けることでまったく正しいと思います。

ただ、何をもって拉致を解決とするかについては、関係者処罰まで譲れないといったハードルが高すぎる要求にこだわるのは疑問で、アメリカにも現実的対応の心づもりを説明していると思います。

そして、**核と拉致が解決したら、むしろ北は日本にとって友好国になり得ます**。金正恩は母親が日本生まれということもあり日本文化に好意的です。官民ともに反日で凝り固まっている韓国より希望が持てる面もあります。ここは多くの保守派の人は違う意見でしょうが、朝鮮総連も北の体制の中では「親日派」なのですから、むしろ利用価値があると私は考えています。

南北朝鮮統一が周辺国に強いる犠牲の可能性

東西ドイツ統一（1990年）直後、私は当時の通商産業省からジェトロ・パリ事務所産業調査員としてパリに派遣されていました。欧州情勢を「フランス＝ドイツ関係」を軸に調査研究することがその3年間の重点的なテーマのひとつでした。

1993年の帰国後は、朝鮮半島を担当する課長（通商政策局北西アジア課長で中国・インド・半島担当）になったので、韓国政府や朝鮮総連系の人々にも、ドイツのケースが朝鮮半島にどう参考になるか、アドバイスする機会も多かったのです。

南北朝鮮が統一された際、どういうことが問題になるのか、私の経験から考えてみたいと思います。

ドイツでは「東西統一」と言いますが、形式的にも実質的にも「西ドイツによる東ドイツ吸収」という形で統一が実現したことを忘れてはいけません。その意味ではややこしい問題は、国内的にはあまりありませんでした。

しかし、国際的にはフランスなどの西欧諸国やソ連も、本音では「統一に反対」だったので、黙って賛成などしてくれませんでした。なぜなら、統一ドイツの出現は、ヨーロッパの平和の攪乱要因になりかねなかったからです。そのため、フランスでは「『ゲルマンの自由』は守られるべきだ」、つまり「分裂したままにしておくべきだ」という声も強かったのです。

そこで西ドイツのヘルムート・コール首相（当時）は、各国の勝手気ままなさまざまな要求に対して、あらゆる約束を各国に気前良くしながら説得したのです。そのため、最も強く反対するかもしれないと言われていたフランスのミッテラン大統領（当時）も意外にも賛成に回りました。

逆に、ドイツ国内での混乱を避けるための準備はきちんとできていませんでした。本当はもう少し時間をかけて段階的にやりたかったのですが、コール氏はことを急ぎました。私は当時、フランス人の経済人グループと一緒に、首相官邸でコール首相に会ったことがあります。ドイツの要人と連続会談をするという企画があって、いろいろな経緯があって、それに参加させてもらってドイツを訪問した一環でした。

この時、フランスの有力財界人のひとりが「統一は拙速すぎではなかったか？」「もっと時間をかけてやったほうが経済的にはダメージが少なかったのではないか？」と質問しました。コール氏は、「あのチャンスを逃したら、二度と統一はできないと思った。だから、問題があることを承知で、邪魔が入らないうちに急ぎ断行した。後悔はしていない」と答えてくれました。

朝鮮の南北統一を急ぐことは、韓国はもちろん、日本や中国など周辺諸国にとっても大きな犠牲を強いられる可能性を覚悟ですべきもので、浮かれていてはいけません。コール政権の大急ぎでの統一は混乱は起こしましたが、それを覚悟し、やれるだけの準備はしていたのです。

それに対して、韓国の政権にそういう準備と対応が可能かというと心もとないことは言うまでもありません。

核武装した統一朝鮮で金正恩大統領が選ばれる可能性

なかなか先行きが見えない朝鮮半島情勢ですが、なぜか「日本の国益」という観点からどう見るべきなのか、突っ込んだ議論はあまりお目にかかれていません。古代における半島での統一国家成立以来、日本にとって半島は頭痛のタネであり、2000年の間さんざん悩まされ続けてきました。その半島の状況が、70年近い眠りから覚めて再び動き出したのです。

南北朝鮮が統一国になるなどの新しい秩序は、日本国家の存立に関わる重大事であり、日本外交にとっても正念場となります。

日本外交は、いささかたりとも油断することなく、国益を追求して厳しく対処すべきだと思います。「民族統一はいいことだから、黙ってお祝いしてあげよう」などと甘いことを言っている時でありません。

日本にとって最も重要なのは、北朝鮮の「核の放棄」について、将来にわたって保証を得ることです。そうでなければ、もしかしたら「核武装した統一朝鮮」が出現するかもしれないからです。実際にそうなると、何かしら対抗策を講じなければならないのは当然のことです。

もし「憲法9条を維持したい」とか、「軽武装国家でありたい」という立場ならば、北の核の放棄については譲ってはいけないはずですが、偽リベラル勢力は無自覚で能天気です。軽武装と周辺国の軍拡への無警戒のコンビは平和の最大の敵です。

拙速な統一によって抱える大きな問題として、まず政治的には、北朝鮮の人口（約2500万人）が韓国（約5100万人）の半分近くいることが挙げられます。

これがなぜ問題かというと、もし自由選挙を行えば、北朝鮮の住民がキャスチングボートを握ってしまうことを意味しています。もし、統一後に現在の韓国憲法の規定どおり選挙を行えば、過半数は要らないので、金正恩大統領の誕生だってあり得るのです。

そうなると、国内はもちろん、周辺諸国の大混乱は必至でしょう。ちなみに、東ドイツの人口は、西ドイツの4分の1でした。

北朝鮮住民は、市場経済の下では役に立たない

「ベルリンの壁」の崩壊で西ドイツが東ドイツを吸収したように、一気に統一を進めるには、朝鮮半島はコストが大きすぎます。とは言っても、北朝鮮の政権が崩壊してしまったら、そうなるしかありません。韓国で「統一の混乱を恐れるな」という声は少数でも、それを阻止する勇気を多数派は持っていないのです。民族主義の情熱は理性で抑えられるものではないからです。

拙速な統一によって抱える大きな問題は、経済的には、北朝鮮の住人が市場経済の下では、ほとんど経済価値を持たないことです。

ドイツ統一から2年ほどして、ドイツ連銀の副総裁（のちに総裁）だったティトマイヤー氏の話を内輪の会合で聞いたことがあります。彼は、「最大の誤算は、東ドイツ出身者は企業で使えないとわかったこと」と語っていました。

江戸から明治の時代となって、教育はあっても「武士の商法」で、武士の多くが身を立てられなかったのと同じです。教育レベルは高くとも「指示待ち族」であり、生

産性向上の意識がなかったのです。

半島においても脱北者は韓国社会に溶け込めず、「北朝鮮に帰りたい」という人が3分の1くらいはいると聞きます。

東ドイツや共産中国が市場経済から隔離されていたのは35年だけでしたが、北朝鮮は70年ですから、より難しいことでしょう。市場経済への移行は、まず北朝鮮の緩やかな市場経済化から始めたほうがいいと思われます。

そうした時に、**日本の在日朝鮮・韓国人の役割は大きいと思います**。

また、拉致問題の陰で忘れられがちですが、**日本の国籍がない日本人妻の存在も忘れてはなりません**。終戦の日より以前に結婚していた人や、帰還事業で北に行った人の中で、日本国籍を放棄していった人もいます。「日本人妻の帰国」や、北朝鮮への帰還者の家族との再会は、人道上の見地からも急ぐべきでしょう。

帰還者については、財産相続なども含めて複雑な問題が生じるケースや、家族から歓迎されないケースもあるわけで、きめ細かい対策が望まれるところです。

北朝鮮で完全な核廃棄がなされ、拉致問題を解決したら、その時は日本は北朝鮮に大いに協力すべきでしょう。高句麗（北朝鮮）にとって、日本は唐（中国）と新羅（韓国）に対して、有効なカードになり得ます。

ただし、準備はすべきですが、「慌てて北朝鮮にすり寄っていく必要などない」のです。

トランプの「イラン核合意」離脱が北朝鮮に与える影響

北朝鮮情勢の混迷を招いた責任は言うまでもなく、第一義的には北朝鮮自身にあります。しかし、ほかの国も賢く行動していたとは言いがたいのです。

日本については、小泉訪朝と拉致問題の複雑化のあと、北に対する強硬一本槍の政策は拉致家族だけでなく、国民に広く支持されていたのです。

拉致監禁されている被害者がいる場合には、普通、家族などが強硬策を避けて犯人との対話を望み、警察などは悪い前例になるのを避けて強硬策を採りたがるのが通常ですが、拉致問題の場合には、家族の方々も強硬策を望まれるという状況にありますから、それを国民が支持するのも当然でしょう。

しかし結果として、２００2年と２００4年の小泉訪朝から現在に至るまで、成果はゼロです。強いて言えば、横田夫妻が孫のキム・ヘギョンさんとモンゴルで会っただけです。となると、別のやり方をしたほうが良かったと言う人もいるかもしれませんが、核をめぐってこれだけ対立が高まっている中では、拉致問題が解決しても日本が見返りを出すことは不可能ですから、すでに述べたように、トランプ大統領に核と拉致の同時決着をするようにお願いするのがベストなのです。

世界的な対応として悔やまれるのは、２０１１年のアメリカ、イギリス、フランスが後押ししたカダフィ殺害です。それまで、核を放棄すればリビアのカダフィのように国際社会から迎えられると言って金正日を説得していたのですから、まったくまずいことでした。

そういう意味では、日本は米英仏に思いとどまるよう説得すべきだったのですが、残念ながら、民主党政権の時代でした。

トランプ米政権は「イラン核合意」からアメリカが２０１８年5月に離脱したことを受け、11月5日からイランおよび同国と貿易関係にある各国を標的とした制裁をすべて再発動すると表明しました。

長い交渉を経て、イランを正常化できる道筋をようやくつけたというのに、その道をトランプの気まぐれで壊されることは、西欧諸国にとってはたしかに災難でしょう。しかも「米国は大統領が交代するたびに方針が変わる」という評価を受けるのはマイナスでしょう。

しかし、動きのわからない北朝鮮を抱えるアジアにとっては、それは大歓迎というべきです。特に日本としては、北朝鮮の核廃棄は後戻りできない厳しい「リビア方式」を参考に徹底してくれれば安心です。それに対して、北朝鮮は「イラン方式」のような緩い方式を狙って交渉してくるはずです。

しかし、トランプにそんな甘いことが通用しないのがイランの例で明らかになりました。トランプは、「イランとの合意は、まったく信じられないくらい緩くて史上最悪だ」と公言してきました。

トランプがイラン核合意を廃棄して、さらに過去より厳しい制裁をイランにかけたことは、北朝鮮に「甘い幻想」を抱かせないためには実に効果的だと思います。

北朝鮮とイランは、核・ミサイルなどの技術を相互に行き来させるなど、相互依存関係にあります。これで苦境に陥るイランの姿を見れば、金正恩は甘い期待を打ち砕かれ、「我が国は全面的な核廃棄しか生き残る道はない」と思い知らされたのではないでしょうか。

特に日本としては、北朝鮮が実験場を閉鎖したり、材料を引き渡したりしたとしても、これまでの核開発の成果（技術やデータ）を温存することは許してはなりません。将来、再びその強化に向かう可能性まで封じてもらわねばいけないのです。いわゆる「完全かつ検証可能で不可逆的な非核化」です。

金正恩体制の継続と将来の自由化を両立させるべき

北朝鮮をこれからどうするかという時に、大問題なのは、金正恩一家による支配継続を認めるのかどうかです。回答は、現時点においては、完全で不可逆的で検証可能な核放棄に応じるなら温存するのが賢明です。

北の核武装をここまでもってきてしまったのは大失敗でしたが、今さら議論しても仕方ありません。

また、韓国は軍事境界線から数十キロのソウルに首都機能を置いたままで分散が進んでいません。せっかく盧武鉉大統領が忠清南道の世宗特別市への首都移転を決めたのに、憲法裁判所が違憲判決を出して止めてしまいました。まったく、北の工作員同様の決定だったのです。

今のままだとソウルには、ミサイルでなく、砲弾が雨あられのように飛んでくるから、戦争になったらどうしようもありません。南に逃げるにも、漢江の橋を渡らねばならないので、そう簡単ではありません。ちなみに、朝鮮戦争の時には、李承晩は人や車が渡っている橋を爆破して逃げました。

となると、金正恩体制を維持したまま、核の完全廃棄と秩序だった経済再建や自由化を進めさせることができるなら、相対的には害が少なそうです。

金正恩は、日本では、非常に尊大なワガママ坊やという受け止めなのですが、**金正恩の話し方は非常に優雅で育ちの良さを感じさせるものだという評価があります**。韓国の然るべき地位にあり、非常に日本語が堪能な人と、「北朝鮮ウォッチャー」として定評がある、とある日本人の意見が一致していたので、そうなのだと思います。

マイクで拾われた金正恩と夫人の李雪主の会話は、仲の良い若い夫婦として自由で肩肘張らぬもので、妹の金与正との会話も優秀な妹を信頼している様子がうかがえるしっかりしたものだったということです。

帝王学を非常によく叩き込まれているらしく、落ち着きも感じられ、韓国人としては、好印象だったと言います。そのような評価を聞いた時には、私もにわかには信じがたかったのですが、トランプ大統領周辺もこれなら話せるという印象を持ったというのですから、さもありなんということでしょう。

スイスでの留学経験もあるし、大阪生まれの母親に育てられたのだから、北朝鮮の中では、世界を知っている開明派であることは間違いありません。

北の体制について誤解があるのは、意外に再チャレンジ可能な柔軟性があることです。日本人には、脱北者は戻れば殺されると思っている人が多いのですが、5度目の脱北とかいう人も多いのです。つまり、4度は帰っても無事だったということです。

何か上納して許されていることもあるでしょうし、しばらく収容施設で再教育されるということはあるようです。ただしそれは、政治的な失脚者でも同じで、地方の閑職に回されたり、施設に入れられたりしたあと、復活したという経歴を持つ幹部が多くいます。むしろ、韓国のほうが池に落ちた犬は助けないところがあります。

ただ、そうは言っても、脱北者の中には帰国したら生命が危ない人も多くいます。そういう人たちは、祖国の悪口や偽情報を流して、外国政府や世論に影響を与えようとします。なぜなら、彼らの唯一の望みは政権転覆だからです。現政権が変わらない限り、祖国への帰国はできません。これは、北朝鮮に限ったことではありません。

そういう意味で典型的だったのは、イラクの大量破壊兵器についての偽情報に踊らされてアメリカがイラク戦争をしたことです。このような例は、古今東西あちこちである話で、亡命者のもたらす情報で行動することは極めて危険なのです。

私は東洋的な知恵も出しながら、政権転覆はしないが、長期的には確実な自由と民主化を保証するような仕組みができればいいと思います。それは、将来における民主化もしたくない習近平の中国がいちばん嫌うかもしれませんが、逆に世界にとってはもっとも好ましいことなのです。

第七章

日本・中国・朝鮮半島のこれから

日韓の歴史認識で絶対に譲ってはいけないポイントは

「日本人としての歴史観をしっかり持つべきだ」と言うと、歴史認識は多国間で擦り合わせて共通歴史認識をつくるべきで、一方の国が声高に主張するのはいかがなものかと言う人がいます。

しかし、そもそも、日本国民としての共通認識がなければ擦り合わせもできないですし、最初から相手の荒唐無稽な歴史観をチェックすることもなく、足して2で割れば良いというものではありません。

韓国・朝鮮のファンタジックな歴史観とはしっかり戦うべきです。それは、この国をつくり護ってきたご先祖さまたちにも、この国の未来を担う子々孫々のためにも我々の世代の義務だと思います。

また、将来において、韓国・朝鮮との共通の歴史認識をつくるに当たっても、日本人も韓国・朝鮮の人と同じように、自国の立場からの見方をしっかり確立することが必要でしょう。そして、それを主張してこそ、一致点と相違点もはっきりしますし、そこを出発点にて議論をしてこそ、相互理解、さらには共通認識というものも形成されていくはずです。

「日本から見ればこういうことになりますよ」とはっきり主張したほうが、生産的な議論ができると思います。特に、自己主張が強いコリアンたちにはそのほうが良いはずです。

本書の「はじめに」、日韓の歴史認識問題を扱う上で、日本人が絶対に譲ってはいけない10のポイントにまとめましたが、それをもう少し詳しく補足して掲げましょう。

①古代の半島南部より日本列島が先進地域で民度も高かったことは、『魏志倭人伝』などでの記述にもあり疑う余地はない

②天皇家も稲作も弥生人も半島から来たのではない。新羅王が日本人だったことがあると正史にも書いてあるが、逆は伝承すらない。稲作や弥生人は中国江南地方から来た

③半島の日本支配は『日本書紀』だけでなく中国の史書や好太王碑で確認できる。新羅（韓国のルーツ）は日本固有の領土であった任那と友好国・百済を侵略したのであって、現在の韓国は百済の継承国家ではない

④王仁博士や秦氏のように日本に大陸文明をもたらした帰化人は、すべて百済や新羅の人でなく、漢族である

⑤モンゴル来襲は高麗がけしかけ主力でもあったのだから、元・高麗寇と呼ぶべきで、半島人が日本を侵略したことないなどと言うべきでない

⑥秀吉が死んだ頃の慶長の役では、日本軍が優勢で展開しており、秀吉の死で中止しなければ日本に有利なアジアの国際秩序ができていただろう

⑦朝鮮通信使は、日本への一種の朝貢使節であって、対等の交流というのは、戦後に韓国人が広めたデマである

⑧日本統治下で言語を奪ったとされるが、書き言葉としての韓国語は李朝時代には成立しておらず、日本統治下で日本人がつくり与えたといっても過言ではない

⑨日韓併合をしたことは申し訳ないが、原因は朝鮮側に多くあるし、半島は大国の争いの犠牲になったのでなく、日清・日露戦争など大国のいがみ合いの原因をつくった

⑩南北分断は、アメリカ・ソ連・中国など連合国の話し合いによるものであって、日本にはいっさいの責任はない

本書ではこれらの多くについてすでに説明していますが、最終章では、「積み残し」について説明するとともに、日本と韓国・朝鮮のあいだの問題の諸相を語りましょう。厳しい言葉も並んでいますが、それも、真の友好確立のための前向きの意識に基づくものです。

歴史的にも日本は韓国・朝鮮のお世話になってない

日韓関係について韓国人が主張し、日本人が安直に受け入れることで不利な立場に立っている考え方に、古代から先進国であった韓国に日本はお世話になったという認識があります。そして、その恩義を忘れて日本はひどいことをしたから言語道断という贖罪《しょくざい》意識が出てきます。

しかし、すでに書いたように、そもそも弥生人と稲作のルーツは中国の江南地方であって、朝鮮半島ではありません。たしかに、稲作技術は半島沿岸を通過していますし、少し上陸して経由したかもしれませんが、寒冷な半島では根付かず、江南地方と気候が似た九州など日本列島で先に新天地を見つけて花開いたものです。

半島南部での国家形成も日本列島より遅れていたので、4世紀から6世紀にかけて統一国家を実現した日本が半島南部の広い地域を領有していたのです。

この頃、半島の北西部では漢・魏・晋といった帝国が楽浪郡などを経営し、高い文明水準を誇っており、日本にも影響を与えたでしょうが、それをもって、韓国にお世話になったとは言えません。

その楽浪郡などを高句麗が滅ぼしたのち、平壌付近を高句麗、ソウル付近を百済が支配し、そこでは、多くの漢族が引き続き住んでいました。日本は5世紀の「倭の五王」の時代に、中国南朝と直接交流を試みましたが、あまり実りなく、6世紀には、主として百済を経由して中国文明の導入をしました。

そういう意味で百済にお世話になったのは事実ですが、①日本は領土の割譲や軍事的支援など十分な見返りを出していますし、②文明導入の担い手は百済の支配者である満洲系の扶余族でも、庶民の主流だったかもしれない韓族でもなく（百済の庶民がどういう民族だったかは不明）、ほとんど漢族ばかりでしたし、③百済は唐に滅ぼされたのち多くの国民が日本に亡命してきたのですし、わが皇室には女系ながら百済王室（およびその本家である高句麗王室）のＤＮＡも流れているのに対して、韓国の前身である新羅は唐から百済の旧領を横領しただけですので、百済にお世話になったことへの感謝を韓国にする必要はありません。

一方、『隋書倭国伝』には「新羅、百済は倭を大国で珍物が多いとして、これを敬仰して常に通使が往来している」として日本から多くのことを得ているとしています。

さらに、平安時代以降になると、交流は限定的なものになります。漢学や仏教については、高麗や李氏朝鮮が中国語を公用語としていた関係もあり、文献などが半島経由で入ってきたりはしました。

物で言うと木綿が先に朝鮮に入り、日本へ輸出されました。日本からは南方由来のものが朝鮮に輸出されましたが、もっとも重要なのは唐辛子です。

ただ、朝鮮への日本の影響について両国の研究者のいずれも研究をすることはあまりないので、よくわかりません。例えば、ハングルを創ったことについて日本からの刺激があったはずですが、そういうことが語られることはあまりありません。

朝鮮からの影響でもっとも大きなものは、朱子学でしょう。捕虜となった姜沆《きょうこう》という官僚は、藤原惺窩《せいか》に本格的な朱子学を教え、その弟子の林羅山《はやしらざん》が幕府の儒者となったために、江戸幕府の国教的な地位を占めることになりました。

この藤原惺窩は、姜沆に明と朝鮮が日本を侵略するようにと勧める信じがたい売国奴的示唆をしたそうですが、それまでは、儒教は禅宗のおまけみたいなものだったのが、江戸時代にあっては統治イデオロギーとして普及しました。そのために、かつては「女性が自由に生きている」と宣教師たちを驚かせていた日本に、ひどい女性差別や、厳しい部落差別が広まりました。私は、**朝鮮から伝わった朱子学は、マイナスのほうがはるかに多かったと思っています**。

それから、日本が韓国に文化面で大恩があるといった考え方は、明治以降になってから生じたもののように見えます。古代や中世にそんな認識は見られません。古来、「三国」と言えば、日本・唐・天竺であって、日本人の世界観に、対等の存在としての半島など存在しなかったのです。

外交においても、室町幕府も豊臣秀吉も江戸幕府も、半島はかつて日本に従属していた国だという意識で組み立てたので、朝鮮通信使が善隣友好、対等の関係の象徴などという意識は対馬藩の儒学者くらいにしか存在しなかったのです。

それが、クローズアップされたのは、むしろ、日韓併合を進めていく上で、「日鮮同祖論」などが有益であり、むしろ、日本人に朝鮮との歴史的つながりを認識させて差別意識を持たないようにさせようとか、朝鮮の人たちの自尊心を満足させて併合を円滑にしようとするなかで生まれてきたと思います。

そういう意味では、もはや朝鮮統治のために創られた政治的意図をもった同祖論的な歴史観から決別するべき時だと思います。

古代から巧妙に拡大を続けるコリアン国家

「朝鮮は、過去2千年の歴史で、小石ひとつ日本へ投げたことはない。日本は何度も侵略したにもかかわらずだ」

これは、核ミサイルをめぐる緊張の中で北朝鮮を訪れた日森文尋・元社民党国対委員長が、2017年8月15日、祖国解放記念日の平壌の万寿台議事堂で演説した時の言葉です。まさに、開いた口がふさがらないとはこのこと。まったくのデタラメで、高麗がモンゴルと一緒に日本を攻めてきたことすら忘れているようです。

これは極端ですが、コリアン国家が欲張りな侵略国家でなく、大国から圧迫されながら領土を防衛してきた平和国家などという神話を信じている人がいますが、とんでもないことです。いかに、コリアン国家が貪欲に領土を拡げてきたかを振り返ってみましょう。

朝鮮半島というと現在の南北朝鮮の領域と言われますが、これは政治的な定義で、地理的には平壌以南と見るのが常識的ではないでしょうか。

もともと「古朝鮮」と呼ばれる箕子朝鮮と衛氏朝鮮が紀元前に遼東地方を中心に平壌付近までの渤海湾沿岸にありました。漢の武帝がこれを滅ぼして「楽浪郡」などを設け、中国の内地化しましたが、4世紀になって満州にあった扶余族が建てた高句麗が南下して滅ぼされました。

現代のコリアン国家の原点である新羅は4世紀頃から周辺の小国家群を糾合し始め、6世紀には日本領任那を侵略して吸収し、だいたい慶尚南道・北道を領域とすることに成功し、百済と高句麗の抗争の地であった京畿道（ソウル付近）や黄海道、江原道を横取りしました。また、唐が百済と高句麗を併合するのに助勢しました。つまり38

度線以南のうち百済領だった南西部の忠清道・全羅道を除く範囲です。のちに、百済の旧領と、高句麗の旧領の大同江以南を、これも横取りしました。つまり、新羅は最終的には39度線までを獲得したわけです。

新羅を継承した高麗の創立者の王建は、建国の戦いの中で、唐の衰退に乗じてこの新羅の旧領に加えて、平壌から鴨緑江に至る北西部の平安道を領土にすることに成功しました。

しかし、元の時代には平壌付近や済州島は元に併合されてしまいます。この時、元とともに日本を侵略しようとしました。しかし、元末期の混乱の中で、李氏朝鮮の創始者で北西部の咸鏡道出身の李成桂は、咸鏡道を併合することに成功し、さらに元に奪われていた平壌付近や済州島を取り戻しました。

鬱陵島については、李氏朝鮮はいったん放棄したことから日本人の支配下にありました。しかし、江戸時代になって幕府は朝鮮の要求を入れ、お人好しにも鬱陵島を引き渡してしまったのです。このことが、のちに韓国が竹島に食指を伸ばす伏線になったわけで、鬱陵島放棄はバカげた決定でした。

現在、韓国が狙っている領土のひとつに対馬があります。対馬の支配者であった宗氏が、日本に属しながら朝鮮国王と特殊な関係を持っていたことから野心を見せ、対馬の土地を買いあさり、実質的な支配を及ぼすことを狙っています。「対馬は韓国領土だ」と主張して活動している運動家もいますが、対馬は先史時代以降ずっと日本であり、『魏志倭人伝』にも倭国の中に入っています。対馬が韓国領土などというのはあり得ない主張です。

そのうちに、皇室は百済の王室の末だからとか、山陰地方は新羅人の国だとか言い出さないか、心配しておくことは無駄ではなく、彼らの過去の領土発展過程からすればあり得ないとは言えません。

皇室が百済の血を引くとか、新羅王家が山陰の出身とかいうのは、日本の半島領有の根拠にはなり得ても、逆はあり得ないのですが、韓国はそのくらいの「逆転の発想」は平気です。

また、南北朝鮮は自分たちを「高句麗の継承国家」と戦後になって称し出したわけですが、朝鮮民族の国だというのは、1957年になって突如提唱された新説です。しかし、いずれ中国への領土要求につながって行く可能性があります。

それから、吉林省の朝鮮族自治区は、もともと満洲族が支配していた地域。清国時

韓国・朝鮮国家の領域変遷（カッコ内は当時の中国）

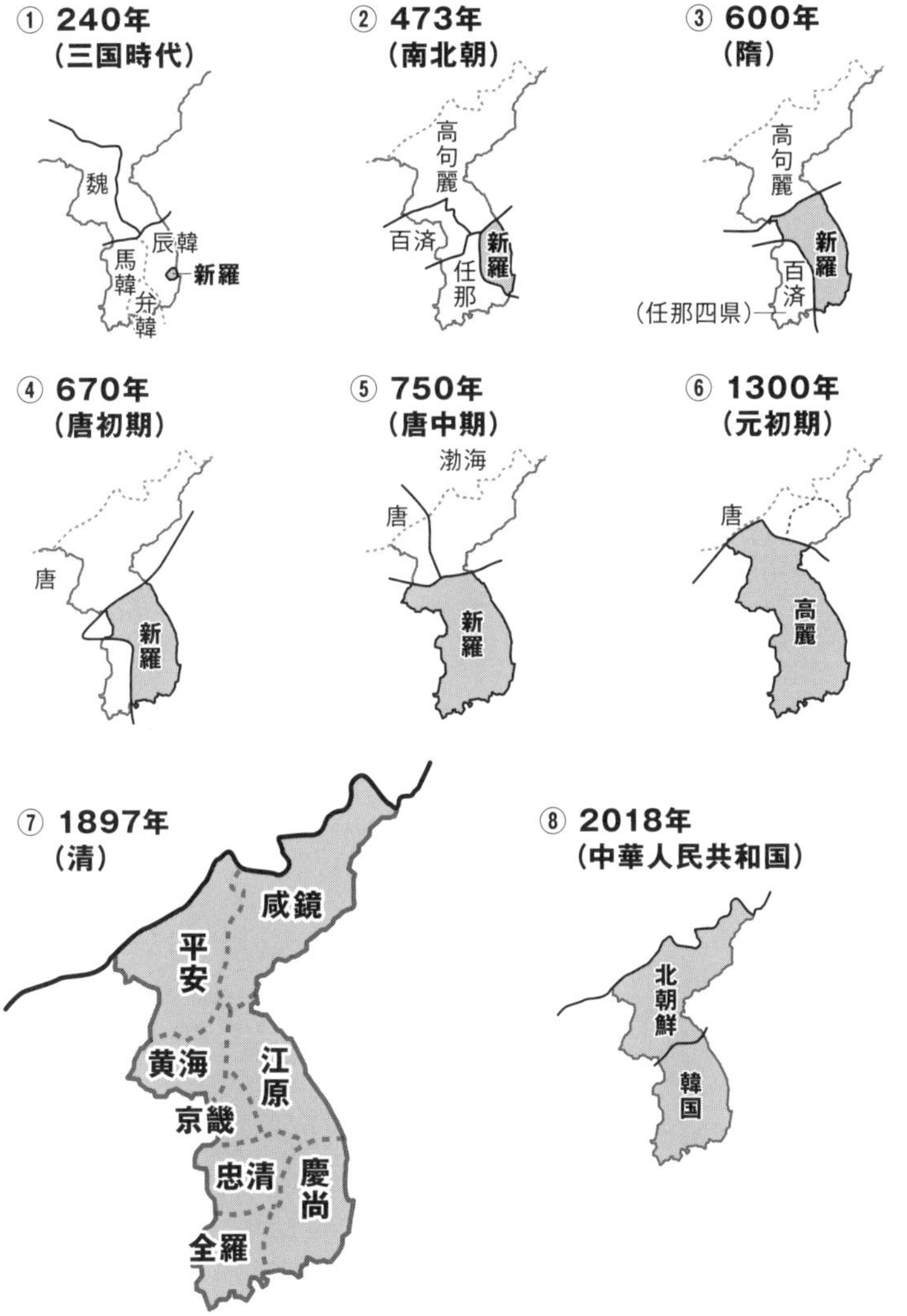

代に満洲族が中国を支配し、多くの満洲人が中国本土に移りました。この地域もそうで、その後に朝鮮族が進出しました。ですから、先住民というわけではないのですが、韓国はここも併合したいという誘惑に駆られている可能性があります。

いずれにしても、慶尚北道の小国から出発したコリアン国家の拡大は粘り強く執拗に進められてきたものであり、まことに見事といえば見事ですが、日中両国ともに常に警戒を怠るべきではありません。

日中対等が気にいらない韓国のための「冊封体制」論

「中華思想に基づく華夷《かい》思想で東アジアの国際秩序は律されるべきだ」と儒学者は考えていたかもしれませんが、それは妄想です。現実の世界では、モンゴルなど北方民族も日本人もそんな意識はありませんでした。それをありがたがっていた外国人はコリアンくらいです。

ところが戦後になって、西嶋定生という愚かな学者が現実に外交秩序としてそういうものがあったという説を唱えて、日本では教科書にも載せられるようになりました。しかし、そんなものを信じているのは日本人だけで、その証拠に、「冊封体制《さくほう》」という言葉は、ウィキペディアでも中国語版にも韓国語版にもありません。

こうした発想がなぜ戦後の日本で唱えられるようになり、また、それが教科書でも採用されたかと言えば、私はつまるところ、日本とコリアン国家が歴史的に対等であったという虚構を是認するのが目的でないかと思うのです。

何しろ、新羅以来、コリアン国家は中国に対して従属してきました。特に李氏朝鮮では、王が死んでも世子（王太子）は自動的に王になれず、中国によって任命されて初めて王になれるという状況でした。先に述べたように、国王であっても、中国の皇帝の使者には三跪九叩頭（土下座）しなくてはなりません。

また、元号も中国のものを使い、せっかくハングルを発明しながらも「中国に失礼だ」として公式文書には使いませんでした。

それに対して、日本は中国とはだいたい対等の関係、せいぜい兄と弟のようなものと日中関係を捉えてきました。ですから日本では、室町時代でも江戸時代でも、半島国家は古代において日本に従属している国として扱ってきたのです。

そういう日本の外交的な立場は、戦前の日本による半島支配を肯定することにつながると心配する人がいます。そのため、日本もコリアン国家同様に中国に対して従属的な立場にあったという歴史観をでっち上げて、中国中心の秩序の下で、半島国家と日本が対等の関係だったという妄想をつくり出そうとしているらしいのです。

半島の人々の立場をおもんぱかるあまり、日本と中国の歴史的な関係を歪めて辻褄を合わせていることになります。

しかし、中国世界の中で日本とコリアン国家の立場が違うなどというのは、明治初年に清国もあまり議論もなく認めて、対等の立場での近代的な外交が始まったことは、すでに第四章で紹介したとおりです。

にもかかわらず、日本は李氏朝鮮が清から独立するなら、対等の関係を築いて良いとしたのですが、その善意を李氏朝鮮が無にしたのが、不幸な時代のスタートです。日本の学者が、なんで日本と中国の関係がコリアン国家と中国のそれと同じだなどと言うのか、まったく腹が立ちます。

ともかく、**明治新政府が最初から朝鮮に高圧的に上下関係を押し付けたなどという事実がないことを、まず日本人が知るべきだと思います。**

そうした歴史的な経緯は置いておくとして、もし韓国・朝鮮が日中友好が自分たちの安全と繁栄のために好都合だと虚心坦懐に考えて、日中の橋渡し役をしてくれたら、それは素晴らしいことです。

例えば、ベネルクス3国（ベルギー、オランダ、ルクセンブルク）などは、仏独の間である程度そういう役割を果たしている部分もあります。しかし、韓国・朝鮮にはそういう役割を果たそうという気はなさそうです。

そうしたことを期待するのは諦めて、日中の関係をしっかりしたものにするように心がけるほうがよほど建設的でしょう。精神文化面においても、韓国・朝鮮は漢字を使うのをやめたので、もはや同じ文化圏でもありません。

かつて、元国連大使の小和田恆《ひさし》らが日韓関係を仏独関係のようなものにしたいと動いていた時期がありました。しかし、ヨーロッパにおける仏独関係に匹敵するのは日中関係であって、日韓関係ではありません。日韓関係に近いのは、イギリスとアイルランド、あるいはフランスとアルジェリアの関係でしょう。

このように書くと、私が韓国・朝鮮を軽く見ているように思えるかもしれませんが、そうではありません。**日本と中国の関係が良ければ、韓国・朝鮮の国際的な居場所は**

非常に良いものとなることでしょう。ふたつの大国が形成する巨大な市場が、半島の人たちの生活と経済を潤すことは言うまでもありません。

唐の時代にさかのぼると、日本と唐が蜜月だった時代にあっては、新羅の政府は何もすることがありませんでしたが、そのおかげで新羅の商人たちは大活躍して、遣唐使など公式の交流を立派に補完していたのです。また、唐の地で廃仏毀釈という災難にあった慈覚大師円仁が無事に帰国できたのも彼らのおかげでした。そういうようなことで良いと思うのです。

韓国人はなぜ成功者であることを誇りにしないのか？

「隠者の国」などと言われて、華々しい栄光と無縁だったコリアン民族の地味な歴史の中で、現代の韓国・朝鮮は突然変異的な輝きを放っています。

朝鮮戦争でひどいことになったにもかかわらず、韓国は経済的に発展し、世界で15位以内の経済大国となり、五輪もソウルと平昌《ピョンチャン》で2度開催しています。

北朝鮮は、今は経済的にはひどいことになっていますが、かつては非同盟諸国の指導的な国のひとつでしたし、現在では実質的に核保有国となり、アメリカを手こずらせていることに、陰ながら喝采を送っている国も実は多いようです。

そういう意味では、世界史上でも類例ない、短期間で成し遂げられた成功であるのですから、それを大いに誇れば良いと思います。

しかし、コリアンたちは、叩き上げの成功者であることを誇るより、**歴史を一生懸命に粉飾してでも、古代から立派な文化と軍事的な栄光に包まれた国であったことを自慢したがります**。韓流ドラマを見ても、古写真に見る汚れた白い服ばかりの世界との対比にあきれてしまいます。それは個人ベースでもそうで、在日朝鮮人の人たちと話していると、やたら「没落両班の子孫」と称する人が多いのです。

もっとも、日本も文明開化の時代には謙虚で、1871年に岩倉使節団（大久保利通・木戸孝允・伊藤博文らが参加）が欧米各国を回った時の記録などを見ると、封建制度の下での遅れた国を自分たちがいかに急速に変えつつあるかをもっぱら自慢しているのに、大正や昭和になると「皇紀2600年」なんぞを強調したがり出しました。

中国もこのところ「中華国家5000年の歴史」とすぐに言いたがります。たしか前は「4000年」と言っていたはずだと思いますが、5000年となると、存在が確認されていない夏王朝すら成立していない時代から始まることになります。

そういう意味では、日本人や中国人にしても、コリアンを笑えないところでもありますが、ここまで書いてきたように、**韓国人の歴史捏造ぶりは際立っています**。

「漢江の奇跡」を成し遂げ、現在の発展の基礎を創った朴正熙など軍事政権の時代の指導者はもっと正直でした。朴正熙大統領は、自身が貧農の子であることを誇っていましたし、成り上がりにあたっての日本統治の成果も正当に評価していたのです。

「我が半万年の歴史は、退嬰と粗雑と沈滞の連鎖史」

「民族の中興を期するなら、この歴史を改新しなければならない。このあらゆる悪の倉庫のようなわが歴史は、むしろ燃やして然るべき」

と、韓国・朝鮮の歴史、特に李氏朝鮮のそれを酷評していたほどです。

日本も、謙虚さを失って「神国」だとか言い出すとろくなことにはなりませんでした。ぜひ、コリアンにも中国人にも、日本の苦い経験と悲惨な経験を他山の石としてほしいものです。

日本人観光客にも反日捏造史観を押しつける韓国

韓国人の反日史観のエスカレートと、それを日本人に押しつけるのには困ったものです。それは、観光客に対してもそうです。

昨年末、本書の取材のため韓国を縦断する一般向けのツアーに参加して、釜山から始まって、新羅と百済の遺跡などを訪ね歩いた時の話をしましょう。

釜山ではロッテ・ホテルのカジノへ行きました。外国人専用です。日本人も多く、いわゆるカジノ法案反対の裏に韓国やマカオの外貨収入減につながることに反対したい勢力がいるのは言うまでもありません。

龍頭山公園はかつて対馬藩の倭館があったところです。明治初年の日朝交渉の場となったところで、李氏朝鮮の無礼極まりない対応が不幸な近代日朝関係の原点となったわけですが、そんな説明はありません。現在は、釜山タワーがそびえますが、その足下に李舜臣の巨大な銅像があります。ガイドは李舜臣の日本海海戦なみの大勝利を誇りますが、実態はそれほどでもなく、李舜臣自身もその戦いにおいて戦死したことはよく知られたとおりです。

翌日は、バスで新羅の都だった慶州へ。石窟庵《ソックラム》へはバスを降りて山道を行きます。花崗岩の如来像（詳細は不明だそうです）がドームの中にあります。人知れず捨て置かれ崩壊寸前だったものを朝鮮総督府が修復したものですが、ガイドは日本人の修理で一部劣化があったことを強調しました。現在の仏像の配置は総督府の修理時に間違いがあったとなんくせをつけて現在の姿に変えたのですが、実はその後、古い図面が見つかり、総督府の配置が正しかったことがわかっています。

仏国寺《プルグクサ》は見事な伽藍ですが、これも、ほとんど廃寺となっていたのを朝鮮総督府が再建したもの。ところが、そんなことはガイドは説明しません。

宮殿跡は何も残っていませんが、近くの古墳群は残っています。この慶州の月城《ウォルソン》という王宮は、建国の功労者である日本人の瓠公の屋敷でした。4代目の国王になった日本人の脱解尼師今《だっかいにしきん》が吉兆の地であることに気づいて言葉巧みに譲り受け、のちに王城としました。もちろん、そんな紹介はありません。

午後は、雪の中を伽耶山海印寺へ。名高い8万本の木版経典である八万大蔵経が納められた世界遺産があります。名前の示すとおり日本領任那の故地ですが、ここでも紹介なし。収蔵庫の中には入れませんが、隙間から少し見ることができます。

泊まりは全州。李王朝の国王家は全州から出て満州との境界の咸鏡道方面で勢力を持ち、明に対して独自性を追求しようとした高麗を倒した親中派です。親日は「犯罪」ですが親中はそうでないのです。

翌日は全州の「全州韓屋村（殿洞聖堂、慶基殿、伝統韓紙院）」。昔の韓国の建物を集めたり再現したりしているそうですが、すべて瓦屋根。李氏朝鮮時代の写真とだいぶ違うような気もします。ロマネスク様式の殿洞聖堂はカトリックの教会で１９０８年に設計して１９３６年に完成とか。その年であれば、日帝統治のもとでの朝鮮の発展の象徴的な建物かと思うが、ガイドさんは一生懸命、１９０８年の設計のほうを強調して日帝時代の遺産であることには触れられたくない様子です。もっとも１９０８年でも統監時代で、日本の指導の下で経済建設が軌道に乗り始めた時代です。

次は忠清南道に入って、扶余で五層石塔が残る「定林寺址」、百済最後の都「扶蘇山城」にある三忠烈祠。百済が唐に滅ぼされた時に抵抗した英雄だといいます。もともと扶余神宮（祭神は応神天皇・神功皇后・斉明天皇・天智天皇）の建設が進んでいましたが、それを中止して戦後に建てたようです。

日韓関係が悪いのは「すべて日本のせい」

白馬河で古代の軍船のような遊覧船に乗って「落花岩」を見上げます。扶余落城の時、宮女3千人がまるで花が散るように身を躍らせたのだといいます。新羅は唐に助勢しただけであり、百済を滅ぼし併合したのは唐なのですが、ガイドさんはおくびにも出しません。

百済の時代に韓国から日本に文化が伝えられたことが強調されますが、百済が韓国と連続性があるとは言えませんし、文化を伝えたのはすべて漢族です。もちろん、そんなことは言いません。だいたい、唐・新羅連合軍といっても、主力は唐軍で連合軍と言うほどのことでもありませんでした。

公州はもともと熊津といって、任那の一部でしたが、ソウル付近の都を高句麗に落とされて領土を失った百済のために雄略天皇が下賜したと『日本書紀』にあるところです。

この郊外には桓武天皇の先祖でもある武寧王の有名な墓があります。ほかの墓は日帝に略奪されたのに、ここだけは無事だったなどと言っていますが、武寧王墳を上回る立派な墓が1910年にあったとは聞きませんから嘘です。

バスの中でガイドさんは、旅行とは関係ない反日歴史観や現在の政治についての文在寅政権擁護の演説を大音響のスピーカーで延々と続けました。「元の侵攻にいかに高麗が勇敢に立ち向かったか（これも嘘でしょう）」、「日本に元が攻めていった時高麗も一緒だったが、それは海軍が必要だったから連れて行っただけ（フビライに日本を攻めろとけしかけたのは高麗の忠烈王なのですが……）」などと弁解します。

朴正煕大統領の経済発展は、西ドイツに炭鉱員や看護婦さんを派遣したり（そんなに自慢できないほかの職種もあるはず……）、外国からお金を借りたりして（それを言うなら日本からもらったり借りたりもしたのがきっかけだったはず……）、実現したと主張します。

というわけで、韓国人がどんな歴史を教わっているかがよくわかって、大変有意義な旅行でした。とても優秀で親切なガイドさんは、別に特殊な人ではなく、その年代の平均的なインテリ韓国人の考え方を代表していたのでしょう。

ただただ、日本から来た観光団に社交的配慮も何もなく、日韓関係が悪いのは、全部日本のせいだと言わないと気が済みません。そんな調子で、「徴用工判決で日本では騒いでいるようだが、騒いでいるのは日本だけ。こっちは何にも思ってないから、観光に来ても大丈夫」と言われても困るのです。

中国へこの類のグループ旅行をすると、中国人のガイドからは少なくとも日中友好になんとかもっていきたいという気持ちが伝わってくるものですが、それとは大違いです。それにしても奇妙なのは、そういう「謝罪強要的」な話をされたというのに、当の日本人が「知らなかった」とか、「やっぱり日本はひどいことしたのか」という感じの受け止め方になることです。

「日本国家の立場としては、こういうことでした」というしっかりした歴史教育を、日本人が受けていないから、このようなことになってしまうのです。

日本人がしっかりした日本人としての歴史観を持たないままだと、韓国に旅行に行って彼らの言い分だけ聞いて、それと同調した気持ちで帰って来ることになります。それは実に困ったことですし、特に中学生や高校生が修学旅行などで韓国や中国に行く場合には、事前に日本人としての歴史をしっかり教えてからにすべきだとあらためて痛感しました。

在日の人こそ、韓国の非常識にブレーキを

日本に対し、国家間の合意すら軽視して好き勝手のふるまいを繰り返す韓国。こうした韓国の非常識な行動に対して、在日の韓国系の人々（帰化した人もそうでない人も含めて）が、ブレーキを掛ける役割をもっと演じてほしいと私は思っています。

狭い意味で「在日」と略称される韓国・朝鮮籍の特別永住者は2017年12月現在で326、069人。本来は、戦前から日本にいることが条件ですが、戦後の混乱期の難民なども多いの現実です。強制労働で連れてこられた人が主体だというのは明らかな嘘で、そういう人はほとんどが帰国しています。

また、同じ時までに日本国籍を取得（帰化）した累積者数は371、161人となっています。当然、帰化したのちに生まれた子も孫もいるので、そこまで含めた「広い意味での在日」は100万人程度なのでしょう。

氏名が日本人的でも、帰化時に日本人風の名前にした者も多いし、本名が韓国風でも「通名」ということが広く認められています。そのなかには、金田さんとかいうよ

うに本姓の一部を使う場合もあるし、朴さんが新とか、崔さんが星とか特有の縁がある漢字を使うこともあります。

そういう人たちとの個人的なお付き合いの中では、ほとんどの人が、**日本と韓国の両方に愛着を持ち、過去を引きずらない前向きの関係を望んでいるのを知っています。**

しかし、彼らの多くは意見の違いで韓国在住の同胞との対立を望まず、政治的な関わりを持ちたくないために沈黙しているので、結果として反日的な言動をする人ばかりの声が大きく伝えられてしまいます。

また、朝日新聞に代表される〝偽リベラル系メディア〟などが反日的な人たちを重宝して発言機会を与えている面もあり、在日韓国人の建設的な意見がなかなか聞こえてこない状況にあります。

この状況を変えて、在日の人たちが、両国政府、特に韓国政府や世論に反日政策をやめるように強い圧力をかけるなど架け橋になるべきだと思います。

在日の人たちに対しては、保守派の多くの人たちから厳しい意見が出ています。「反日的な活動をしているのではないか」、「犯罪率が高いのではないか」、「在日特権と言われるものを不明朗に行使しているのではないか」といったことです。

実態はどうかと言えば、まったく、それを否定することはできません。拉致問題などでも在日の人がからんでいましたし、ヤクザなどの世界でも目立ちます。先に書いたように、在日の人たちで両国の架け橋になるよりは諍いのタネをつくっている人ばかりが目立っています。

在日特権と言われるのは広汎《こうはん》ですが、そもそも特別永住制度自体が特権ですし、制度としてはほかの外国人にも適用されるといっても、結果的には在日の人に有利な扱いというものもあります。不正に住みついたり使用を認められたりしたままになっている土地や建物もあります。

私は一度、**在日の人の実態を公的に大調査すべきだと思います**。何しろ、そもそも実態がよくわからないからです。

そもそも、どういう経緯で日本に定住することになったのか、諸々の制度は合理的なのか、実態として現在や過去で不明朗な特別扱いがなかったかなど調べればいいと思います。そのうえで、不合理な特権は解消すればいいし、逆に一般の外国人には認められない権利を合理的な規制のもとで認めてもいいと思います。

在日の人たちは結構日本の経済や文化に貢献している

このように、在日韓国人の人々については、保守系の人々は脱税やら犯罪やらが多いとかネガティブな側面に着目しがちですが、もちろんいい点もたくさんありますし、そちらにも目が向けられるべきだと思います。

特に、在日の人々が、日本の社会経済に果たしてきたプラスの貢献をもう少し体系的に議論できないかと思っています。ともすれば、犯罪であるとか、日本や日本人に対する批判がクローズアップされがちなのですが、それればかりでもないでしょう。

ところが、それを論じることはなかなか難しいのです。そもそも、誰が、韓国・朝鮮籍なのか、あるいは、帰化したりハーフなどの形で血を引いているかの情報が公開されていません。私はこれはおかしいと思っています。だいたい、世界中でそんな変なことをしている国はほかにありません。アメリカの有名人などは事細かに情報が明らかにされています。スティーブ・ジョブズがシリア系だとか、駐韓米国大使のハリー・ハリス氏やNYフィルの音楽監督だったアラン・ギルバートのように、名前がアングロサクソン風でも日本人の血を引いている有名人の活躍を知ることができるのです。

もちろん、どこの国の血を引いているかによって、損することもあるでしょうし得することもあるのですからイーブンですし、日本国籍だったり日本人の血を引いているがゆえに、日本に利益を誘導しているのでないかと警戒くらいされたって仕方ありません。そのかわり、それ以上のメリットもあるはずです。

ところが日本では、誰がコリアンかわからないから、コリアンがいかに日本社会に貢献しているかを語るのも大変難しいのです。

一方、言論の世界などで、日本の国籍がない人が日本の外交や外国人の扱いについての制度を、国籍や出自を名乗らずに語るのはフェアではありません。

そんな中で、出自が公知の事実で、少なくとも本人が積極的には否定していない人を見てみましょう。財界人では、ソフトバンクの孫正義氏、ロッテの重光武雄氏、アイリスオーヤマの大山森佑氏、MKタクシーの青木定雄氏、マルハンの韓昌祐氏などが著名です。

スポーツ選手では、プロレスの力道山、相撲の玉の海、プロ野球の金田正一、張本勲、金本知憲など。芸能界だと都はるみ、松坂慶子などがコリアン、または少なくとも両親のひとりがコリアンとされています。

ちなみに、上記の人たちをなぜ取り上げたかというと、以前からウィキペディアにその旨の記述があり、それが本人の希望などで削除されることもなく、公知の事実となっているからです。

こうした人たちを見ると、やはり、コリアンらしいベンチャー精神というか、組織重視の日本人にはない独立心や積極的な事業への姿勢が良い方向に働いているようです。

また、芸能人やスポーツ選手であれば、優れた身体能力、美貌、表現力が良い方向に作用していると言えそうです。

特に音楽界には、公表していない人も含めて非常に多くの人がいるので、文化的貢献は大きいと言えるでしょう。

文化と言えば、料理文化において、韓国・朝鮮料理の日本料理に対する影響はとても大きい。たとえば、キムチは今や日本人がもっとも好む漬け物ですし、焼肉は大阪の在日社会で、ホルモン焼から派生したと言われています。韓国に同じ料理はないので、日本料理でも韓国料理でもなく、まさに、大阪在日コリアン料理そのものです。

このほか平壌冷麺は盛岡の郷土料理化していますし、博多の明太子は韓国での生活経験がある人が考案したものです。

パチンコは、もともとコリアンとは関係ないのですが、長い歴史を経て、在日の人やそれとなんらかの太いパイプを持つ人でないとやりにくい業種だと言われています。その存在について、私は存続を許すなら、カジノと同等の規制をかけるべきだと思いますが、何はともあれ、日本の文化の中で重要な部分を占めていることはたしかでしょう。

もしも、できるだけ多くのコリアンたちが、国籍のあるなしにかかわらず、また、ハーフだとかクォーターとかも含めて名乗り出て、**日本人として生きる、あるいは日本で生きることについての前向きな気持ちを正々堂々と語ってくれれば、冷えきった日韓関係への貢献は極めて大きいものになると思います**。

この提言をもって、本書を締めくくります。

著者　**八幡 和郎**（やわた かずお）

政治評論家、歴史作家、徳島文理大学教授。
滋賀県大津市出身。東京大学法学部を卒業後、1975年通商産業省（現・経済産業省）入省。入省後、フランス国立行政学院（ENA）留学。通商政策局北西アジア課長、大臣官房情報管理課長、国土庁長官官房参事官などを歴任し、1997年退官。2004年より徳島文理大学教授、2016年より国士舘大学大学院教授。『朝まで生テレビ！』『バイキング』など多くのメディアに出演。著書に『蓮舫「二重国籍」のデタラメ』（飛鳥新社）、『韓国と日本がわかる 最強の韓国史』（扶桑社新書）、『江戸時代の「不都合すぎる真実」』（PHP文庫）、『「立憲民主党」「朝日新聞」という名の〝偽リベラル〟』『「反安倍」という病』（小社刊）など多数。

レーダー照射、徴用工判決、慰安婦問題だけじゃない

捏造だらけの韓国史

著者　八幡和郎（やわた かずお）

2019年 2月 10日　初版発行

装　丁　紙のソムリエ
校　正　玄冬書林
構　成　中野克哉
編　集　菅野徹、岩尾雅彦（ワニブックス）

発行者　横内正昭
編集人　岩尾雅彦
発行所　株式会社 ワニブックス
〒150-8482
東京都渋谷区恵比寿4-4-9 えびす大黒ビル
電話　03-5449-2711（代表）
03-5449-2716（編集部）
ワニブックスHP　http://www.wani.co.jp/
WANI BOOKOUT　http://www.wanibookout.com/

印刷所　株式会社 光邦
ＤＴＰ　株式会社 三協美術
製本所　ナショナル製本

ISBN 978-4-8470-9761-4